わがしごと

wagashi asobi

わがしごと

おはよう
珈琲を淹れたよ
窓からの光はまぶしくて
いつだってPOSITIVE！

はじめに

2人の和菓子職人が「一瞬一粒（ひとつひとつ）に想いを込めてつくる」ことを理念とする、wagashi asobi（わがしあそび）というしごと。

wagashi asobiのアトリエ兼和菓子店は、東京都大田区上池台の商店街の一画にあります。

そこで販売する和菓子は、2人それぞれの自信作「ドライフルーツの羊羹《ようかん》」と「ハーブのらくがん」の2品のみ。多店舗拡大路線ではなく、末長く地元の人たちの自慢の手土産としてかわいがっていただけるような、まちの小さな和菓子屋を目指しています。

それが、和菓子店としてのwagashi asobi。

そしてもうひとつ、私たちが大切にしている活動がwagashi（和菓子）を介したasobi（遊び）。

和菓子のさらなる楽しい可能性を探るべく、茶会やいろいろな世界で活躍する方々とのコラボレートなど、和菓子を創作する職人としてのwagashi asobiです。

この異なるふたつのwagashi asobiという活動を通して巡り逢った人々や出来事、経験は、「和菓子」「独立・起業」「ビジネス」「デザイン」「日本文化」「暮らし方」など、さまざまな事柄について学びを与えてくれました。

私たちの経験や想いなど、これからつづる和菓子の物語は、和菓子職人という職業にとどまらず、さまざまな世界で活躍されている皆様にも共感・共鳴していただけることと思います。

「wagashi asobi」と、本書のタイトルである「わがしごと」。

ローマ字と、ひらがな。
asobiと、しごと。

この一見、相対するような言葉は、まるで、合わせ鏡のように私たちの姿を映し出しています。

和菓子のこと、支えてくれる方々のこと、私たちの志や仕事のこと、それぞれの和菓子に込めた想いなど、たくさんの「わがしごと」で「wagashi asobi」はできています。

そんな私たちの『わがしごと』がヒントや気付きなど、皆様にとって何らかのお役に立てることを願い、一字一句（ひとつひとつ）に想いを込めて書きつづってまいります。

どうぞ最後までお付き合いの程、宜しくお願い致します。

wagashi asobi　稲葉基大　浅野理生

もくじ

第一章

和菓子ごと

wagashi asobiと
和菓子

本章ではまず、和菓子とは何か、和菓子文化とは何かについて解説させていただいたうえで、その和菓子文化にほれ込んだ和菓子職人2人が、wagashi asobiとして独立するにあたり大切にしてきたことを簡単にご紹介します。和菓子とwagashi asobiを相対的に見ていただく、総論にあたる章です。

「和菓子」という新しい言葉

読者の皆様にとって「和菓子」のイメージってどのようなものでしょうか？餡子《あんこ》、饅頭《まんじゅう》、どら焼きなどさまざまですが、それらを含めて、はるか昔からある日本の伝統的なお菓子という印象があるかと思います。

ところが、この「和菓子」という言葉の歴史は意外と浅いことに驚かされます。明治維新で鎖国が解かれ、日本国内で外国の菓子（ビスケットなど）がつくられるようになったときにこれらを「洋菓子」と呼び、この対義語としてそれまで日本でつくられていた菓子を「和菓子」と呼び、区別されるようになったのが始まりと言われています。例えば、その前にポルトガルから伝わったカステラは和菓子で、その後に伝わったシフォンケーキは洋菓子に分類されます。

ルーツを紐解く

では、「和菓子」と呼ばれる以前の和菓子とはどのようなものだったのか。その歴史を辿ってってみましょう。

まず、起源となるものは木の実や果物だったと言われています。野山に自生していた木の実や果物を食べていた時代から、徐々に人類の文明の進化に伴い農業が行われるようになり、調理などの加工技術も進歩していったと言えるでしょう。干したりつぶしたり、火を加え煮たり焼いたり……と、ゆっくり変化してきました。食品保存の発想が進んで、現代の製菓技術になっているものも多くあります。

宗教的な思想のなかで、餅など菓子の原形がお供《そな》えや儀式に用いられるようになりました。〝生きるために食べる〟時代から、生活が豊かになるにつれ、食に対する捉え方も多様化していったのだと思います。

現代の「おもてなし」にも通じる食文化が芽生えたことが、菓子を進化させてきた最も重要なモチベーション（原動力）だと言えます。

また、この島国での生活文化に加え、外国より伝わった文化や技術を吸収して日本の風土や思想、生活に合わせた解釈を施し、日本独自の文化として発展させてきたものが多くあります。

「和菓子」の歴史も同じです。外国から薬として伝わった砂糖も、後に菓子づくりには欠かせない材料になっています。外国から伝わったもののなかでも、朝鮮半島や中国、遠くはインドから伝わった仏教や茶の文化は、点心など菓子文化の発展に大きな影響を与えました。羊羹や饅頭のルーツもこの辺りにあります。

特にお茶は日本で茶の湯、茶道に発展しました。茶道は菓子の発展に最も強く大きな影響を与えました。茶道文化の広がりに導かれるように、より華やかに豪華に、かつ深い想いを込めた菓子がつくられるようになりました。皆さんもご存じの四季をお菓子に映し込むアイデアなどは、茶道文化あってのものだと言えます。

ほかにもスペインやポルトガルからキリスト教とともに伝わった南蛮菓子なども、現在の和菓子の技術にとても大きな影響を残しています。

そろそろ、皆様もお気付きでしょうか？ そうです。和菓子は「和菓子」と呼ばれる前は「菓子」でした。

もともと和菓子は、世界中の文化や技術の影響を強く受け消化吸収し、その時代に生きた人々の生活のなかで進化や変化を重ねてきた、とても柔軟でインターナショナルなものだったのです。

止まった和菓子時計を進める

そんな歴史を歩んできた和菓子ですが、「和菓子」と名付けられたことで対義語となった「洋菓子」という言葉を意識するあまりか、新しい試みや外国から新たに伝わった材料や技術を使うと「これは和菓子ではない」「これは和洋菓子だ」と言われ、変化や吸収をすることに臆病になってしまいました。結果、長い歴史のなかで進化や変化を重ねて人々を喜ばせてきた和菓子文化の時計は、止まってしまったのかもしれません。

では、それに対し「洋菓子」はどうでしょうか。

日本でもパティシエと呼ばれる職人たちが、世界中の菓子や文化から多くを学び進化を続けています。最近では、和菓子の材料と言われるような米粉や小豆などで洋菓子をつくるパティシエも多く、それらが海外でも高く評価されています。そして、世界中で日本人のパティシエが活躍しています。

洋菓子をつくりたいわけではありませんが、同じ菓子職人として見習うべきところがたくさんあると感じています。

明治維新以降、止まってしまった和菓子時計の針を、ちょっとだけ動かしてみたら……?

和菓子を変えるのではなく、和菓子で何ができるのか

明治からさらに時は進み、農業や食生活の変化、流通システムや技術の進歩によってさまざまなものがこの日本で手に入るようになり、世界中の情報を手のひらの上で知ることができるようになりました。私たちの生活も海外旅行をしたり健康志向になったり、より豊かに多様化しています。

そんな時代に生きる和菓子職人として、現代と向き合い関わることで「和菓子を変えるのではなく、和菓子で何ができるのか?」と、常々考えています。

和菓子を単につくって、売って、買って、食べて……と終わってしまうモノと

して捉えるのではなく、和菓子の無限の可能性を探っています。

wagashi asobiという支流

脈々と流れ続ける和菓子文化という歴史の川。その最先端に、今を生きる私たち和菓子職人がいます。wagashi asobiという小さな支流が、この素敵な和菓子文化を次の世代につなぐお手伝いができたなら……。たとえその流れが細くても、しっかりと続いていれば、いつでも源流に遡ることができます。この流れを絶やさないことが、和菓子に携わる私たちの責任だと自負しています。

和菓子の歴史や現状を肯定的に受け止め、長い年月をかけて技術や経験を積み重ねてきてくれた先人たちに敬意を払いながら、未来へ生きる子どもたちにつないでいきたい。

1人でも多くの方々に笑顔を届けられるように。

子どもたちの〝将来の夢〟ランキングに、和菓子職人が入るように。

「老舗」を始める

私、稲葉は老舗で20年間修業させていただいた後、2011年に「wagashi asobi」として独立しました。一般的に和菓子屋は「老舗を良し」とする風潮があることは、とてもよく理解しています。長年積み重ねてきたお客様からの信頼や伝統、歴史、物語のあるお菓子など圧倒的な魅力があります。

それゆえ、和菓子屋を始めるにあたり最も深く考えたのは、「歴史も知名度もないwagashi asobiを、いかにして成り立たせるか」でした。

老舗が良いとされる業界でありながらも、古くから続く老舗さんですら廃業することもあり、新規参入も少なく、明らかに減少傾向にある業態への参入に備え、さまざまな角度から分析考察を繰り返しました。

和菓子屋の元々を〈羊羹屋〉〈最中屋〉〈大福屋〉〈饅頭屋〉などの「専門店」という次元で考えると、これら専門店の総称としての大分類が和菓子屋ではないか。よって和菓子屋と呼ばれるお店は、「総合和菓子店」のようなものかもしれない。

〈肉屋〉と〈牛肉専門店〉、〈洋服屋〉と〈デニム専門店〉、〈酒屋〉と〈日本酒専門店〉のようなイメージ。

現実として世の中の小売業が専門店と、巨大な大手総合チェーン店に二極化している傾向にあります。これは、私たちの生活の多様化と標準化を象徴する現象でしょう。それらを定義づけ、考慮したうえで私たちが目指したのは専門店でした。

お手本はやはり「老舗」。なかでも京都のお店から多くを学びました。京都は古都であり、茶道の中心地でもあり、日本が世界に誇る代表的な観光地。なぜ百年以上続く和菓子屋さんがたくさんあるのか――?

そこからは、ヒントというより答えのようなものが見えてきました。

地元地域のお祭りや歳時記など、暮らしのなかに和菓子と和菓子屋が寄り添い密接に関わり合っていること。

必要以上に多店舗化や量産化を進めず「目の届く」「手の届く」「心の届く」お店のサイズ感を保っていること。

屋号と同じくらい有名な代表銘菓があり、葛切りならこのお店、松風ならこのお店といった具合に、お店の大小にかかわらず昔から銘菓で専門店化していること。

――そして今、私たちも「老舗」を始めます。

先輩たちを見習い、一日一日を積み重ね、素敵な老舗を築いていきます。

東急池上線・長原駅（東京都・大田区上池台）の改札を出て約1分、商店街の一角にある wagashi asobi のアトリエ兼和菓子店。ここを拠点に国内外に活動の場を広げる

2品の和菓子

wagashi asobiとして辿り着いた答えは、〝地元の人が自慢できる名物〟をつくること。2人の和菓子職人が一切の妥協なくお互いの自信作を1品ずつ用意し、専門店として地元の人に喜んでいただく。そうして浅野が「ドライフルーツの羊羹」を、私、稲葉が「ハーブのらくがん」を考案しました。

2品まで絞り込むことによって資材や原材料の在庫管理がしやすいのはもちろん、2人の意識が2品の菓子に集中するので、製造技術・技能も上がり品質向上も図れます。

地元の銘菓を目指したおかげで、最近は「他の地域では売っていないから」「手土産にして喜ばれた」と、繰り返しお求めくださるお客様も増えてきました。老舗のビジネスモデルを手本として丁寧に取り組んだ結果が、少しずつ形として見えてきています。

「商品」ではない和菓子という「文化」

和菓子職人として、この小さな和菓子屋を始めて5年が過ぎようとしていま す。日々、いろいろな方にお仕事のご縁をいただくなかで「和菓子の本質とは何か」を考えるようになりました。

和菓子文化の背景にはいつも誰かが誰かを思いやり、喜ばせる「おもてなし」の気持ちがありました。

例えば、世の民が信仰する神仏への供物《くもつ》としたり、茶人が客人と茶室で交わす心を込めたおもてなしだったり、お母さんやおばあちゃんが子どもたちにつくってあげるおやつだったり。和菓子はとても優しく清らかな思いやりから生まれた食文化なのです。その流れに寄り添い、私たちも想いを込めて和菓子をつくり続けたいと願っています。

しかし現代においては、和菓子は「商品」という位置づけで扱われることが多く、この素晴らしい文化が経済優先で、大量生産・大量消費の渦《うず》に飲み込まれています。私たちはそこにとても強い危機感を感じています。
「今の流行は何だ？　うちでもつくろう！」といった、職人もしくは経営者が「売るための和菓子」づくりを始めた結果でしょう。模倣や商業和菓子の発想ではなく、人に喜んでいただける気持ちありきで和菓子をつくる、文化的な発想を持ち続ける必要があると思います。

想い込められし和菓子が、結果として売れて生活ができることが理想です。何を目的として仕事をするのか、その矢印の向かう方向しだいで、将来得る結果は全く別のものになるはずです。

その土地、そのお店ならではの銘菓を持つこと。
売り上げのための販路拡大をしないことで希少な価値を生みだすこと。
「ほかの何ものでもないオリジナルで勝負する」志を持って日本中の和菓子屋が

取り組んだら、それはとてもポジティブで素晴らしい文化に発展することでしょう。モノにまつわるコトがお菓子に添えられることで、素敵な和菓子物語が始まります。

五行思想からみる和菓子

和菓子の魅力は、花鳥風月など四季の移ろいをそのままに、その小さな姿に宿した大きな世界観と言えるでしょう。熟練した職人の技で表現された細工などは、本当に素晴らしいものです。

しかしこれは和菓子の持つ魅力の、ほんの一部に過ぎないことをご存じでしょうか?

和菓子は五感で楽しむ「総合芸術」と言われることがあります。視覚からその美しさを、嗅覚で素材の香りを、触覚で質感や食感を、味覚でそのおいしさや味わいを、聴覚で菓子の銘や込められし物語を——。

これらの要素から想像をふくらませることで、さらに六感でまで楽しむことができるでしょう。和菓子の本当の魅力とは、ここに秘められた非常に高いコミュニケーション力にこそあります。

例えば「亥《い》の子餅《こもち》」というお菓子をご存じでしょうか？ 穀類などを練り込んだ餅菓子で、猪の子、つまりウリ坊の形をした愛らしい和菓子です。これは11月（旧暦の10月・亥の月）亥の日・亥の刻に茶道の炉開きをするときによく用いられます。

なぜ猪なのか？

これは古代中国から伝わった自然哲学「五行思想」に由来します。木・火・土・金・水の五行と呼ばれる物質に季節や色、方角、動物などさまざまな物事が分類される思想です。

この五行で「亥」は「水」に属します。寒くなってくる季節、囲炉裏に火を入れる最初の日に、水を司る亥の子餅などで火の災いを除ける願いが込められています。

また、たくさん子どもを産む猪にあやかり子孫繁栄や、穀類を練り込むことで五穀豊穣への感謝など、多くの想いを込めておもてなしをする和菓子です。冬も亥と同じ行に属すので「そろそろ冬も近いですね」という季節にまつわるメッセージを想像してみるのも一興。もてなされる側がこのような知識や教養を持っていると、かわいいウリ坊がより楽しい和菓子に見えてきます。

これもお互いの意を察する美意識に長けた日本人ならでは。和菓子文化の奥深さが感じられます。

和菓子職人として、私たちもこのような歴史背景や文化、思想などの要素も楽しめる和菓子づくりを心がけています。私たちがこれまでつくった仕掛けのある和菓子を、第六章でいくつかご紹介致します。

五行思想について

五行思想を知ることでより和菓子を楽しむことができると思います。ここでは、様々な物事がどの行に属するかを表した「五行配当表」と、行が互いに与え合う影響をまとめた「相生・相剋」について記しています。参考にしてみてください

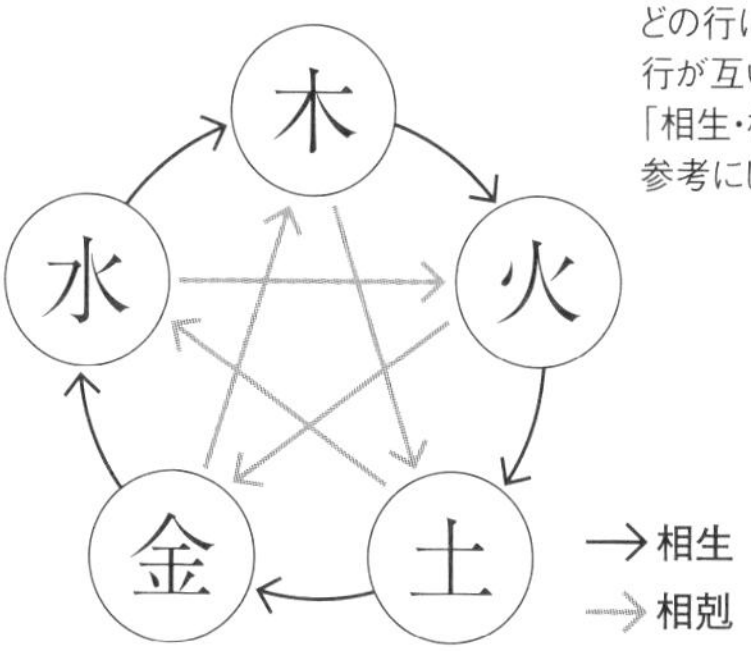

相生

木→火→土→金→水→木の順で相手を生み出していく、陽の関係

木生火
木は燃えて火を生む

火生土
木は燃えて火を生む

土生金
鉱物・金属の多くは土の中にあり、土を掘ることによってその金属を得ることができる

金生水
金属の表面には凝結により水が生じる

水生木
木は水によって養われ、水がなければ木は枯れてしまう

相剋

木→土→水→火→金→木の順で相手を打ち滅ぼして行く、陰の関係

木剋土
木は根を地中に張って土を締め付け、養分を吸い取って土地を痩せさせる

土剋水
土は水を濁す。また、土は水を吸い取り、常にあふれようとする水を堤防や土塁等でせき止める

水剋火
水は火を消し止める

火剋金
火は金属を熔かす

金剋木
金属製の斧や鋸は木を傷つけ、切り倒す

五行配当表

五行	木	火	土	金	水
十二支	寅《いん》卯《ほう》	巳《し》午《ご》	丑《ちゅう》辰《しん》未《ひ》戌《じゅつ》	申《しん》酉《ゆう》	子《し》亥《がい》
季節	春	夏	土用	秋	冬
月	1,2,3	4,5,6		7,8,9	10,11,12
時刻	朝	昼	午後	夕	夜
色彩	青	赤	黄	白	黒
方角	東	南	中央	西	北
五官	目	舌	口	鼻	耳
五果	李《すもも》	杏《あんず》	棗《なつめ》	桃	栗

第二章

wagashiごと

wagashi asobiが
できるまで

wagashi asobiの活動は、老舗和菓子店に勤めていたころ、プライベートな時間を使って始めた「和菓子遊び」に端を発します。和菓子づくりがとにかく楽しかった日々。本章では、異ジャンルの人たちとのコラボレートを重ね、やがて独立へと至る経緯と、2品の商品の誕生秘話もご紹介します。

「て」から始まる出会い

私、稲葉基大は東京都出身です。現在、アトリエ兼店舗を構える大田区で育ちました。都立園芸高校食品化学科（現・食品科）を卒業後、都内の老舗和菓子店に就職しました。6年間のニューヨーク勤務を含め20年間、和菓子職人として修行をさせていただいた後、wagashi asobiとして独立し今に至ります。

パートナーの浅野理生は北海道洞爺湖町出身で、栄養学を学んでいた短大在学中に見た和菓子本に魅せられ、自身が飛び込みで就職活動を行いこの世界に入りました。卒業後、京都の老舗和菓子店の鍵善良房《かぎぜんよしふさ》さんに、当時まだ珍しかった女性の和菓子職人として就職・修行させていただきました。その後、北海道と東京の老舗和菓子店でさらに修行させていただいた後、稲葉とともにwagashi asobiとして独立し今に至ります。

こんな経歴の和菓子職人2人で始めたwagashi asobiの活動の始まりは、2004年にまで遡ります。

老舗和菓子店で修業中、6年間のニューヨーク勤務を閉店という形で終え帰国した私は、あのエネルギーに満ちあふれた街でやり残してきた、和菓子職人としての仕事に対する未練と自己嫌悪のなかに生きていました。

そんなとき、社内の仲間たちのなかで「学生時代のように、勉強以外に部活やサークルに費やしていたエネルギーって社会人になってもあるよね?」という話が持ち上がり、「て」というサークルをつくりました。

人と人が出会う楽しい企画をしようと、第1弾はお花見をしました。お花見と言っても私の好きな、酒を飲んで騒ぐのではなく、花見という日本文化ならではの集い方で異業種交流を行うというものでした。サークル名の「て」にちなみ、メンバーは社外の友人の「手」を引いてくる。そして、参加者は必ず一品、「手」づくりのものを持って来ることにしました。

当日、それぞれが持ち寄った手づくりの一品がとても個性的で、料理やお菓子に限らず、作家さんは作品を持って来ていたり、茶人は茶道具を持って来てお茶を点ててくれたりと、面白い出会いがありました。ちなみに和菓子職人の私は、「散りゆく桜の花びらに見立てたお菓子」と言いながら、大量のポップコーンを抱えて参加しました。

このサークルの活動も2年で自然消滅してしまいましたが、後にここでの出会いが思いもよらない出来事に発展します。

初めての創作和菓子

数か月後、お花見に参加してくれていた墨絵アーティストと茶人が、あるイベントに参加しないかと声を掛けてくれました。ジャズのライブの幕間に、抹茶と和菓子を振る舞うという企画です。仕事では和菓子をつくっていましたが、私の創作した和菓子をお客様に出すなんて考えたこともありませんでした。

初めて自宅で餡を炊き、生地をつくり、試作を重ねて最初の創作和菓子を仕上げました。ライブのタイトルである「夜明け前の青」にちなみ、朝日がカーテンに映す新緑の影を意匠としたお菓子に「木漏れ日」と名付けました。

当日、会場で自分のつくった和菓子を一つひとつお客様に配り、ステージからお菓子の説明をさせていただきました。召し上がったお客様から「どこで買えるの？」「おいしかったよ」「もう少し大きくてもいいね」などと、感想の言葉をいただきながら、とても誇らしく清々しい気持ちになったことを今でも覚えています。

和菓子職人という仕事は仕込みや仕上げをして、つくれば終わり、というものではなく、その和菓子をお客様が食べる瞬間やその後の思い出にまで携わる、ライブパフォーマンスの要素を持った仕事なのだという気付きを得た経験でした。

この「木漏れ日」が、やがてwagashi asobiにつながる第一歩になったことは間違いありません。

その後も彼女たちには何度かイベントに誘ってもらい和菓子をつくりました。

墨絵・茶道・生け花・音楽・舞踊・染物・陶芸・書・料理・和菓子。ありとあらゆる表現者たちとともに企画するイベントで、事前に得られる情報は、いつも集合時間とイベントタイトルだけ。なかでも印象的だったのが白にちなんだ「しろ」というイベントでした。

白・素・しろ・shiro……。「しろの解釈は表現者の自由で、ただ白い服がドレスコード」と連絡がありました。そこで当日、生姜《しょうが》の琥珀《こはく》と白い椿の練り切りをつくり、白いパーカーをはおった私が会場であるギャラリーに着くと、そこには白いワンピースや白い着物姿の彼女たちがいて、白い花が生けられ、白い茶碗が飾られ、空間全体が様々な「しろ」に彩られていました。まさに「しろに彩られる」という表現がぴったり。そこに和菓子も加わり、清らかに華やかに流れる白い時間と空間と人と音――。タイトル以外の縛りがないなかで、表現する人たちが描く各々の個性的な「しろ」は自由であればあるほど調和してきます。

その妙が神秘的で、彼女たちの天才ぶりを見せつけられました。固定概念に捉われない自由な発想は、限りない遊び心を教えてくれました。

和菓子遊びが生まれた瞬間

さて、そうして彼女たちとのイベントに和菓子を持っていくたびに、お客様とこんなやり取りがありました。

お客様「どこの和菓子屋さんですか?」
稲葉「勤め先は言えませんが、今日の和菓子は家でつくっています」
お客様「お家が和菓子屋さんですか?」
稲葉「違います。和菓子屋さんに勤めながら家で和菓子をつくって遊んでいます」
お客様「?」
稲葉「和菓子をつくって遊んでいる稲葉です」

お客様「？．？．」

所属のない趣味の和菓子づくり活動は、理解されにくいことをいつも感じていました。ところがある日、

お客様「どこの和菓子屋さんですか？」

稲葉「勤め先は言えませんが、今日の和菓子は家でつくっています」

お客様「お家が和菓子屋さんですか？」

稲葉「和菓子遊びをしている稲葉です」

お客様「なるほど！『和菓子遊び』の稲葉さんですね！」

そう勘違いされたことで、かえって会話がスムーズに進んでしまいました。そして、このやり取りをきっかけに「wagashi asobi」を名乗るようになります。今では屋号として商標登録もしているwagashi asobiが誕生した瞬間は、ほんの勘違いによるものからでした。

wagashi asobiというユニット活動

当時私の職場には、プライベートな時間を利用し、和菓子を介して世の中と関わりを持つ活動をしていた仲間が私以外に3名いました。浅野を含めたそんな仲間に、私から「一緒にwagashi asobiというユニット活動にしないか」と声を掛けたことから「wagashi asobi」のユニットとしての活動がスタートしました。

そこで当時、流行っていたフリーのブログを開設して、共通の名刺を持ちました。とはいえ、基本的に活動はそれぞれの自由でルールもなく、ただ4人が参加したイベントやそのときの和菓子や様子をこのブログで紹介するという、プラットフォームのようなもの。それでも徐々に問い合わせが来て、個人での活動と比べると情報の発信力と受信力が急劇に上がったと実感しました。声を掛けてくれる方が増えるにしたがい、和菓子職人として今まで全く関わりのなかった業界の方々と出会い、想像もしないリクエストをいただくようになりました。

それに対していかに答えを見つけ、和菓子の世界に落とし込めるか、チャレンジを重ねる日々。このころの出会いや経験が、和菓子の面白さや可能性を私たちに教えてくれました。会社員として仕事をしながら、本名も勤務先も伏せての活動でしたが、雑誌の連載やアーティストとのコラボレートなど楽しい「wagashi asobi」をたくさんさせていただきました。

エイプリルフールにオープン

そうした活動を続け、少しずつ独立も意識し始めたころ、背中を後押ししてくれる出来事が起こりました。ある日、行きつけのカフェのオーナーさんがハワイへ引っ越すことを知ったのです。

大好きなスペースがなくなってしまうのなら、ここで和菓子屋をやりたい――。ちょうど独立を考えていたタイミングで、大好きだった空間そのままを、大家さんの協力もあり居抜きで借りられるという話が舞い込んできたのです。

考えた末、もともとwagashi asobiで活動をしていた4人のうち独立を考えていた浅野と私の2人で独立することになりました。物件の契約から約3か月間で内装に簡単な手を加えたり、羊羹とらくがんを販売できる状態に仕上げたり、ビジネスモデルを考え計画を立てたりするなど慌ただしく過ぎる毎日。

製菓道具などを買いに、かっぱ橋道具街を訪れたのがオープンの約3週間前、2011年3月11日でした。東日本大震災が起きたあの日、私は生涯のパートナーとなる道具たちを抱え、7時間かけて徒歩でアトリエに戻りました。

余震が続くなか、日を追うごとに被害の深刻さを実感し、不安を感じながら4月1日のオープンを目指して準備を続けていました。3月31日まで職場でお世話になり、翌日にオープンできたら面白い、という想いもありましたが、じつはもうひとつ、どうしても4月1日にオープンさせたい理由がありました。

いろいろな事情とタイミングが重なり、私が当時勤務していたニューヨークのお店が閉店したのは2003年10月31日のハロウィンでした。仮想した子どもたちがお菓子をもらって街を歩く、楽しいお祭りの日。そんな日にお菓子屋さんが閉店したことは、私の心にずっと残っているつらいトリック（いたずら）でした。この気持ちを私のなかで浄化するという意味でも、エプリルフールに「嘘ではなく夢が本当にかなう日」にしたいという願いがありました。

世間では被災された方々への配慮からいろいろなイベントや催しが自粛されているなか、私たちもお店のオープンに際してお披露目の会をするか、悩み考えました。しかし、私たちを含めみんなが不安や恐怖で孤独を感じているときこそ、wagashi asobiのオープンを言い訳にして集い、人の温もりに触れ、会話することで少しでも心の安らぎを共有していただけたら、と思い至りました。そうして、ささやかなおもてなしと和菓子をご用意して、お客様をお待ちした4月1日。小さなアトリエのお披露目の会には、中に入り切れないほどの友人や知人の皆様が笑顔で集まってくださり、夢のような本当に素敵なエプリルフールとなりました。

「ハーブのらくがん」誕生エピソード

海外で生活をしていると、日本では当たり前にあるものが手に入らないことが

2011年4月1日、アトリエ兼和菓子店のオープニングの様子。中に入りきれないほど大勢の人が祝福に訪れた

よくあります。ましてや海外で和菓子をつくる仕事をしていると、材料や道具なんて輸入する以外、ほとんど手に入ることはありません。

そんなわけで、そのまちで手に入るもので代用したり、何かに見立てたりすることがよくあります。日常生活のなかでも、その辺りのアンテナを張りながら暮らしていないとすぐに行き詰ってしまうため、スーパーに行っても生鮮から缶詰・瓶詰に至るまで、知らない食材や日本の何かに似た食材がないかと常に探していました。そうしたリサーチは食材に限ったことではなく、雑貨なら掃除道具、玩具、文房具など、あらゆるものを何か別の使い方で応用できないかと、想像しては試していました。この能力はニューヨークで暮らしていた6年間で、相当磨かれたと思います。

ニューヨークに暮らしていたころ、レストランでグリルドチキンを注文したときに、鶏肉の上に添えられていた1本のローズマリーというハーブの枝と出会いました。

「なんていい香りだろう。これを和菓子にしたらきっとおいしいだろうなぁ……」。そんな衝動に駆られました。完全な職業病ですね。

すぐに食料品店のDEAN & DELUCAでそのハーブを手に入れ、草餅や琥珀などさまざまな和菓子に使ってみました。試行錯誤の結果、最もおいしく仕上がった和菓子がらくがんでした。

以後、このアイデアを温め続け、独立前の活動で何度かお客様に召し上がっていただきました。ある茶会の企画ではこのローズマリーのらくがんを食べたアロマテラピストの友人がとても高く評価してくれて「私がアドバイスするから、ほかのハーブでもつくってみては？」と、ハーブの種類や効能などの特徴を教えてくれました。これがきっかけとなり、カモミールやハイビスカスなどバラエティを広げることができました。

また、らくがんをつくるにあたり、木型をどうするかと考えたときにも、得意の見立ての能力が生かされました。既製品のプラスチックのチョコレートモールド（型）をらくがん用の型として使うアイデアを思いついたのです。

当初は特注の高価な木型をつくる資金もない、という理由によるものでしたが、店を始めてこの形が「wagashi asobiのらくがん」のイメージとしてお客様に認知していただけるまでになりました。

ハーブのらくがんにはこんなエピソードもあります。先述のアロマテラピストの友人が行っているマッサージのボランティア活動で、障害のある方々に差し上げるおやつとしてハーブのらくがんをつくったことがありました。このらくがんは口の中でさらりと溶けてしまうので喉に詰まる心配もなく、かつハーブの味わいも楽しんでいただけました。

ローズマリーとの偶然の出会いから生まれた和菓子を、さらに友人に育ててもらったことで、私のつくった和菓子がほんの少しだけ、この世の中と関わりを持てたと実感した出来事になりました。

「ドライフルーツの羊羹」誕生エピソード

「パンに合う和菓子をつくってほしい」

そんなオーダーをいただいた彼女との出会いは、渋谷にあるうつわ屋さんで開

稲葉氏の自信作「ハーブのらくがん」。色素や香料を一切使わず、
ハーブや果汁を練り込んで素材のおいしさを活かしている

催された、wagashi asobiにとって初めての展示会「和菓子とうつわ展」でした。ふらりと会場に来て作品の器や和菓子を興味津々に眺めて「私は家でパンを焼いているの。修行中でへたっぴだけど毎日パンを焼いているの。今度は私のパンとコラボしたらきっと楽しいなぁ……」と言って、連絡先を残して帰ってしまいました。

妖精のように優しい雰囲気の彼女はミュージシャンであり、フォトグラファーであり、自家製酵母のパンを焼くことにはまっているアーティストの方でした。以来、仲良くしていただきwagashi asobiの仲間とご自宅を訪ね、おいしいお食事をご馳走になるようになりました。妖精の焼くパンは一口食べると笑顔になる魔法のパン。太陽の光を浴び咲き誇る向日葵《ひまわり》の花のようなパンでした。

そんなあるとき、彼女のパンの写真と詩をキャンバスに描いた作品を展示する「poetic bread」というイベントに声を掛けていただきました。

「今度、パンのイベントをするの。パーティーの日は、wagashi asobiもパンに合う和菓子をつくってね！」

この妖精の言葉に、何もアイデアが出てこなかった私とは逆に、浅野は和菓子職人としてこの難題に挑んでいました。

「パンと和菓子」。この一見、相容れないものを、いかに和菓子で成立させるのかを考えるうえで、浅野は和菓子を「パンに合う和の素材」として捉えました。

そして、まずはノートに黒砂糖や蜂蜜、あんこ、和菓子の起源でもある木の実や果物を書き連ね、それらの材料からどのような和菓子にすればよいのかをさらに考えていきました。そこから生まれたイメージは木の実や果物がぎっしり詰まった、美しいテリーヌ。味や食感、パンとの調和を大切に、素材を一つひとつ選びました。

あんぱんがあるように、パンとあんこはそもそも好相性なはず。そこからプチプチとした食感が楽しい「ドライ無花果《いちじく》」、香ばしさと歯ごたえのある「胡桃《くるみ》」、「餡《あん》」と相性がよく酸味と色のインパクトがある「ドライ苺」、ドライフルーツの味を引き立てる「ラム酒」。また羊羹にも使われる「黒砂糖」は「ラム酒」と同じくサトウキビが主原料なので味や香りをなじませ、さらに「餡」と「ドライフルーツ」の間を取り持つ役割を果たせる。それぞれの素材の関係性と調和にこだわり考え抜いた組み合わせになりました。また、見た目の美しさへのこだわりか

「パンに合う和菓子」というオーダーを元につくられた、浅野氏の自信作の「ドライフルーツの羊羹」。抽象画のような切り口が美しい

ら、羊羹にこれらのドライフルーツをあえて刻まず丸ごと入れることで、黒い羊羹の中に苺の赤が映え、胡桃が雲のように浮かび、種のつぶつぶに生命観と小宇宙を感じさせる無花果が、切るたびに違う表情を見せてくれます。抽象画のような、鮮やかな断面が現れる楽しみもある和菓子です。

いただき方のプレゼンテーションにも、浅野は手を抜きませんでした。１cmほどに薄くスライスしたドライフルーツの羊羹は、そのまま食べてもおいしく仕上げられていますが、元々は「パンに合う和菓子」です。イベント当日は、妖精の焼いた魔法のパンに極上のバターやクリームチーズを塗り、そこに羊羹をのせて皆様に召し上がっていただく提案まで用意していました。

多くの方からどこで買えるのか知りたいと問い合わせがありましたが、当時はまだ趣味のwagashi asobi。販売することはありませんでしたが、独立を機に皆様にお届けできるようになりました。

一見、風変わりな和菓子と受け取られがちなドライフルーツの羊羹ですが、現代に生きる和菓子職人が和菓子の技術と知識と経験を駆使し、丁寧につくり上げた和菓子だと思います。私はこのドライフルーツの羊羹の完成を目の当たりにして、同じ和菓子職人として「すごいなぁ」と感心させられたのと同時に、和菓子職人はこういうことをしないといけないと思いました。

妖精の魔法がかけられたこのドライフルーツの羊羹は現在、地元だけではなく地方や海外からのお客様にもお楽しみいただいています。また、「パンに合う和菓子」は、お客様からのご提案で「ワインなどお酒にも合う和菓子」としての評価もいただいています。

和菓子が縁で出会った方のおかげで生まれたドライフルーツの羊羹は、お客様に育まれながら、平成25年に大田区の「おおたの逸品」に認定いただき、続いて平成27年には経済産業省の「The Wonder 500™」※にも認定いただきました。地元の銘菓を目指す和菓子として、このような栄誉は本当にうれしく、この和菓子を応援してくださる皆様に心より感謝致します。

※ The Wonder 500™……クールジャパン政策のもと〝世界にまだ知られていない、日本が誇るべきすぐれた地方産品〟を発掘するプロジェクト

第三章

わが志ごと

wagashi asobiが
大切にしていること

本章では、私たちの経験談なども交えながら、哲学や思想、それによって生み出される独自性、また、それを実現するための取り組みなど、wagashi asobiが大切にしていることについて、項目を立てて掘り下げていきたいと思います。

誰かと和菓子

和菓子の役割が心を伝えることであってほしいと願っています。

私たちがこうして皆さんと関わり合えていることも、そこに和菓子が存在するから。

私たちのつくった和菓子を手土産として、受け取る方に喜んでいただきたい。それと同時に、手土産として選んでくださったお客様にも喜んでいただきたいと思います。

お祝いやお礼、お詫びやお悔やみの際にも、和菓子があることでその場の空気が和らぐような和菓子がつくれたら……。

1人で召し上がるときには、自分へのご褒美として。

サイズが大きくて食べ切れないときこそ、誰かと和菓子を楽しんでいただきたい。

お友達や家族に「和菓子があるから食べにおいでよ」「おいしい和菓子があるから持っていくね」と和菓子をうまく使ってほしいと思います。

誰かに逢いたいとき

私と和菓子と誰かと和菓子。

一流

フランスのハイジュエリーブランドとお仕事をさせていただいたときに、一流と呼ばれるものについて考えたことがありました。

一流とは何か？

高価だから一流ではなく、
有名だから一流ではなく、
売れるから一流ではない。
記録があるから一流ではなく、
伝統があるから一流ではなく、
希少で珍しいから一流ではなく、
外国で評価されたから一流ではない。

テレビや雑誌に紹介されたからといって一流でもなく、
ましてや著名人が愛したから一流でもない。

これらのスケール（定規）では測れないということ。ただ、何となく浮かんだイメージは

「本質を見定め、
その極みをもって時を印象的に、
美しく記憶させる力を宿すもの」

価値

和菓子職人として価値ある和菓子をつくるということは、相手にどれだけ喜んでいただき、満足してもらえるかにほかなりません。どんなに希少で高価な

材料を使っても、どんなに手間のかかる美しい細工を施しても、こちらに価値を決める資格は一切ない。

価値を見出すのはお客様なのです。

できるだけ地面に近いものを

和菓子をつくる材料にハーブやフルーツを使っていることで、世間では〝新しい素材〟で和菓子をつくる人たち、という印象があるかもしれません。しかしこれには明快な理由があり、「着色料を使いたくない」という想いで和菓子をつくっているのです。

歴史を辿ると、和菓子に色が使われるようになったのは江戸時代で、豪華《ごうか》絢爛《けんらん》なものへと変遷していく時代の流れのなかで着色されるようになりました。ただ当時も色素などなかったので、あずきや蓬《よもぎ》などを練り込んで表現していたようです。

それらと同じ位置付けで、私たちはハーブやフルーツ、エディブルフラワーなどの食材を使うようになりました。着色料の代わりに、できるだけ地面に近い素材の彩りの力を借りる。もちろん、着色の素材がおいしくならないなら色はつけません。

果汁などを使う場合、ほかの材料と味の調和を気にしなければなりません。し、寒天や餅生地は、果汁の酸が強いとやわらかくなりすぎてしまいます。自然であるがゆえに熱に弱い素材や時間が経つと退色するものもあり、取り扱いがとても難しいのです。

しかし仲良く付き合っていくことで、いろいろな発見や新しいアイデアが生まれる要因にもなっています。

できるだけ自然で、地面に近いものを。wagashi asobiは原点回帰していきます。

深緑の黒糖

ドライフルーツの羊羹には、沖縄県西表島産の黒糖を使っています。とてもおいしく、奥深い甘い香りが特徴です。春の製糖シーズンにしか手に入らない出来たての黒糖は、深い緑色で風味がとてもよく、「新糖」と呼ばれています。

以前、これを茶会の菓子の材料として取り寄せたことがありました。新糖を前にして、どのような菓子にするのが一番良いのか、しばらく悩みました。しかし、この素晴らしい素材のおいしさを超える和菓子をつくれる気が全くしない。むしろ手を加えない方が価値があるのではないだろうか——。

そんな思いから結局、理由をお伝えして新糖をそのまま茶菓子として納めさせていただきました。お客様はその希少な新糖を喜んで召し上がってくださり、お礼の言葉までいただきました。

和菓子職人として真正面から新糖と向き合い「あえて手を加えない必然性」に気付き、あのおいしさを知っていただけたのはよかったと思っています。

私にとって思い出深いお菓子のひとつとなりました。

美意識

例えば日本のなかにいて日々を過ごしていると、日本らしさ、その和の雰囲気のよさを見逃したり忘れてしまったりする。

海外で見る桜や着物の紋様、美しい書との出会いに、日本人として美への感性を再認識します。外から見たときに再発見する日本の素晴らしさ。それと同様に、外国にいるようなしつらえのなかに和菓子という日本の要素がひとつあるとハッとする。

wagashi asobiのアトリエでは、アンティークのミシン台の上にドライフルーツの羊羹とハーブのらくがんの2品のみを置いて販売をしています。そんな風景も私たちの美意識から成る感覚。

白い和紙や、漆黒の文字、朱色、木と木綿の質感。ドライフルーツの羊羹のパッケージにも、そんな和の美を意識しています。

らくがんも、シンプルに縦に並べて包装することで、自然と文字の配列が縦になり、漢字とひらがなが美しく見える。チョコレートの型でつくられたらくがんならではの、ちょっとしたこだわり。

洋と和の割合が9：1くらいの希少な和に美を感じます。

wagashi asobi で販売する2品の和菓子は店の入り口を入ってすぐ、
アンティークのミシン台の上に美しく陳列されている

wagashi asobiのロゴに込めた想い

2014年から使っているロゴは、独立前からの友人で書家の根本知《ねもとさとし》さんに書いていただきました。根本さんがこのロゴに込めてくれた想いを、ここにご紹介させていただきます。


古典を踏まえながらも遊び心を大切にし、そこから生まれる優しさや力強さが感じられるwagashi asobiのイメージ。

それを丁寧に表現しようと試みました。

英字に日本的魅力を持たせるために仮名文字用の筆を用い、

「w」ではハートのようなかわいらしさと花びらのような品。

「a」などでは水玉や小石のような重み。

そして「h」や「b」では芽吹きを思わせる新たな生命感。

このようなさまざまな要素がひとつにまとまるよう、流れを大切にしながら書きました。
マークである「◎」も、篆刻家《てんこくか》に頼んで石に刻してもらいました。
wagashi asobiの新たな一歩に、微力ながらお力添えできればと思います。

必然性

「必然性」という言葉を大切にしています。

クリエイティブとは本来、必然のなかから生まれてくるもの。「生活や社会に必要だから、面白くしたいから」クリエイトする。無意味に何か新しいことをつくるのではなくて、必然的に求められるニーズがあるから、改善されてつくり上げられる。「何かクリエイティブなことがしたい」という発想では本末転倒です。

そこに必然性はあるのか？　いつも自問自答を繰り返しています。

wagashi asobi

TOKYO

wagashi asobi のロゴ。伝統のなかにも躍動する遊び心が表現されている

初めてのトークショー

京都で開催された、和菓子にまつわる企画にお声がけいただき、即答で参加のお返事をしました。理由は、和菓子を介して人と人のつながりをつくろうとすることが、この企画の主たる目的だったからです。

京都のまだ新しい和菓子屋さんたちと老舗さんが一緒に企画していることに、和菓子文化の新たな取り組みの始まりを感じました。和菓子を文化と捉えているwagashi asobiとして、必然的に何かお手伝いをさせていただきたかったのです。

当日は予想をはるかに超える、たくさんのお客様にご来場いただきました。大盛況のなか、京都の和菓子ユニット、日菓さんとwagashi asobiのトークショーは、参加者からの鋭い質問で大変な盛り上がりをみせました。トークショー後に、新潟からお越しいただいた和菓子屋さんの奥様から話しかけられました。「今のトークショーを聞いて、この息子がお店を継いでくれると言ってくれました。ありがとうございます」

その言葉を聞いて、1軒の和菓子店の今後にポジティブな影響を与えることができたのだと、思わず涙があふれました。

私たちの言葉がきっかけとなり、和菓子文化に携わる仲間がまた1人加わったと思うと、とてもうれしい気持ちになります。

この企画が「京都で和菓子を売りませんか?」であったら、きっと参加していなかったと思います。

和菓子は商品ではなく文化なのです。

欲張らない仕事選び

ある地方で就職支援のお仕事をされている方から、商品開発と人材育成についてご相談いただきました。
施設内のカフェスペースを利用して名物的な和菓子を開発することで、製造販売するスタッフの雇用創出や職業訓練などを目的とした事業のお手伝いです。社会貢献として取り組むべき素晴らしいお仕事で、とても興味がありました。

しかし、私たちはできる限りのアドバイスだけで、それ以上の協力はしませんでした。理由はこのお仕事を私たちが請け負う必然性がなかったからです。最良なのは就職支援の活動をしている地域の和菓子屋さんがこの仕事を請け負うことであり、それによって地元の産業が活性化すると考えました。
地方自治の支援を受ける地域振興の就職支援の仕事を、東京の私たちが請け負う必然性がないのです。

ほかにも、地方自治体の運営するスペースでの市民向け和菓子教室のご依頼をいただきました。とても有名な場所でしたが辞退させていただくことにしました。

ふらりと東京のwagashi asobiが和菓子教室をして講師料をいただいて「あの○○で和菓子教室をやりました！」と完結してしまうよりも、やはり地元市内の和菓子屋さんがそこで和菓子教室をするのが道理。地元での知名度も上がりますし、市民とのつながりも強まるでしょう。

より発展的であるように。欲張らず、自分たちの〝せいぜい〟を知り仕事をする。

必然性を意識することで、やるべきことが見えてきます。
必然性を意識することで、やるべきではないことが見えてきます。
必然性を意識することで、より効率的に目的を達成することにつながります。
必然性を意識することで、欲張りにならず世の中と調和することができます。

ぜひ、皆さんも必然性を意識してみてください。

コラボレート

私たちの技術や発想は、和菓子職人以上でも以下でもありません。そんな私たちが異分野の方々と関わることで、想像もしなかった出来事が起こるというのは前章で触れたとおりです。周りの人たちがいろんなチャンスを与えてくださって、それに和菓子でできることは何かと応えてきた結果としてwagashi asobiの今があります。

やはり、現代に生きる人と一緒に考え、そして彼らのアイデアや能力と自分たちの持っている技術や知識を合わせることによって、未来につながる道が開けてくるのだと感じています。

コラボレートといえば、ドライフルーツの羊羹も「パンに合う和菓子をつくってほしい」という突飛ともいえる依頼に導かれて、そこで初めて考えることができた和菓子です。和菓子職人である自分たちだけでは生み出せなかったもの。自分で何か新しいものをつくろうと思っても、なかなか容易にはできないものです。依頼に応えるという必然性が、それを可能にさせるのかもしれません。


異分野とのコラボレートで「自分にはこういう発想や表現もあったのか」と、そのたびに自分を知るきっかけにもなります。

先にも触れたように、和菓子はおもてなしのためにつくられ、時代と深く関わりながら進化し発展を遂げてきました。

全く違う人間と関わるからこそ、お菓子が生きてくる。

それが日本のお菓子の本来のあり方だったと思うのです。

私たちはそのルーツを大事にしたいと考えています。

「作業」と「仕事」

人をどれだけ喜ばせるか？

それが新しい仕事を生む原動力になります。色素を使いたくないから果汁を使う、というような「何かのための手段」としてのアイデアが、必然的な「仕事」をつくります。

おそらく、もともとはすべての職業が社会貢献だったはずです。八百屋さんも、農作物をつくっていない人たちが野菜を買えるように、という配慮から、地方から野菜を運んで売ってくれる人たちがいた。それが結果として、野菜がほしかったまちの人に感謝され対価を生んできたのです。世の中と関わる仕事をすることで、生活が成り立つという商売の原点だと思います。

その仕事のなかに、「作業」と呼ばれるものがあります。

種をまく、野菜を運ぶ、販売をするという作業。そういう意味でいうと「作業」と「仕事」は似て非なるものなのです。

仕事というのは、作業の工程で工夫し、次の人にどれだけ効率よく渡せるか、段取りよく無駄をなくすか、いかにして人を喜ばせるサービスにするのか、そうしたさまざまなことにどれだけ頭を使えるかなのだと思います。

修業時代から毎日やっている「作業」と「仕事」。とてもよく似ていますが、この違いを理解できるか否かで全く違う成果を手に入れられることを、私は40歳を過ぎて気が付きました。

「作業」とは、和菓子屋で言えば「饅頭を包む」「羊羹を切る」「接客をする」。ほかの職業で言えば「電話に出る」「見積書をつくる」「営業に行く」という動作です。ある程度マニュアル化され、ほとんどの人が同じ動作ができるように標準化されたものが「作業」だと考えます。

一方、「仕事」とは、和菓子屋で言えば「より早く饅頭を包む」「より美しく仕上げる」「お客様の気持ちを察する」。ほかの職業で言えば「わかりやすく説明する」「契約してもらえる提案をする」「効率と品質のバランスを調整する」という取り組みです。

このように、「仕事」とは「作業」を行ううえでいかに目的や意味を理解し、頭を使い、工夫し標準値以上の成果を上げるかです。

「仕事」ができる人は、同じ「作業」をしていても先を見越して段取りや効率、成果を高めることができるでしょう。

日々の生活のなか、繰り返される「作業」でただ時間と数をこなして一日を終わらす者と、「作業」の中で「仕事」を見出し、取り組み、成果を上げる者、どちらも限られた人生。同じ時間をこの「作業」に費やすのならば、「仕事」ができる自分を目指す後者になりたいと思います。

どのような業界にしても、最初は作業の連続でしょう。私も修行時代、言われたことをひたすら繰り返し、同じお菓子を10個、20個、100個、200個と、毎日つくり続ける作業の日々でした。

そのときに、ただ作業しているだけでは何の経験値にもなりません。作業のなかで品質や効率、その先のお客様のことを考える「仕事」を積み重ねることで身にもなるし、次のステップにもなる。私は独立して4~5年も経って、最近ようやく気が付きました。若いうちから「仕事」をやっていたら、今頃どうなっていただろうと思います。

私たちにとってwagashi asobiは仕事です。

人とのつながり~顔の見える材料~

できるだけ、人の顔が見える範囲でお仕事をしたいと思っています。

お客様の顔も見たいですし、和菓子をつくっている私たちの顔も知っていただきたい。顔が見える、声が聞こえる、そんな温もりを感じる仕事がしたいのです。良い材料も信頼できる相手があってこそ。

そのひとつが黒糖の仕入先で、以前働いていた老舗店の仕入先でもあります。ここは、私が沖縄の西表島に研修に行った際に、現地の人と仲良くなったことがご縁となり、後年、お付き合いさせていただくことになりました。

かれこれ20年前のこと、和菓子屋の社員が現地でする研修は、作業体験と視察がメインのゆったりとしたスケジュールでした。せっかくの機会なのにそれではもったいないと思い、「研修スケジュールをこなしたことにして、ここでこき使ってください」と現地の担当者さんに伝えスケジュールを白紙に。そして、そこのアルバイトさんと同じ生活をさせてもらったのです。

畑作業に田植え、24時間操業の工場での夜勤など、できることは何でもしました。10日足らずの間に、農家さんだけでなく地元の猟友会の方々との親交も深いものになっていました。

それから数十年後、独立を決心し取引業者さんから仕入れた黒糖は西表島のものとは全くの別物。今まで最高の材料を見てきただけに、そのショックは計り知れないものでした。しかし、トン単位で仕入れる大手や老舗店としか取引のない業者さんが、事業規模が小さなwagashi asobiを相手にしてくれるはずもない――。

そう諦めかけましたが、意を決して相談したところ「稲葉くんが使うなら」と取引ルートをつくってくださいました。wagashi asobiでは月に2袋くらいしか使わないにもかかわらず、「西表の人はみんな、稲葉くんが使ってくれるなら喜ぶわよ。私がなんとかするわ」と快く引き受けてくださいました。これは本当にうれしかったです。

西表島での研修当時は後に独立して取引してもらうことになるなんて、夢にも思っていませんでした。

作り手の顔が見える最高の材料。感謝の言葉が尽きません。

また、らくがんに使っている抹茶は、私が生まれ育った地元のお茶屋さんから仕入れています。

黒糖同様、最高の材料を手に入れたいという思いから、ふと幼稚園のころよく遊びに行った友人宅を思い出し、久しぶり訪ねて親父さんに相談しました。するとと、「愛知県の西尾で姉さんがお茶農家をやっているから、注文をくれたら挽きたてを店まで届けるよ」と言ってくださいました。

単純に「高いから」「珍しいから」だけではなく、地元とのつながりをつくれた最高の材料。

親切にしてくれる人を裏切らない。
お世話になった人を喜ばせたい。
人とのつながりに重きを置く。

これは私たちwagashi asobiのスタイルであり、こだわりです。

ゆとりと遊ぶ

独立してからは会社に勤めていたときに比べ、休日と呼べる日は激減しました。

――なんて言うと、いつも仕事のことばかり考えて忙しくしているように聞こえますが、遊ぶ時間はしっかり確保しています。

wagashi asobi自体が遊びから始まった活動であり、店の名前もasobiありき。

イベントや飲み会、趣味のカメラや写真、寝る間を惜しんで遊ぶこしでいろいろな人と出会い、つながり、広がり、学び、失い（笑）、本当にいろいろな経験をしてきました。

ワークライフバランスなんて言葉がありますが、気持ちの切り替えしだいで遊びに対する考え方も変わると思います。私であれば、

1杯のコーヒーを、缶コーヒーではなくドリップして淹れる。
朝30分早く家を出て、洗足池公園を散歩してからアトリエに向かう。
深夜まで仕事をしたときこそ、バーで1杯呑んで帰る。
安いワインでも、ラギヨールのソムリエナイフで栓を抜く。

些細なことでも生活や遊びの時間が豊かになります。独立してからは休日こそ減りましたが、遊びの質は上がったように感じます。

遊びは「ゆとり」や「余裕」とも言い換えられ、遊びがなければいい仕事は生まれないのだと思います。


そんなふうに思うようになったのは、建築家の友人の言葉と生活スタイル。

「早朝にカフェに集まって、朝粥を食べようよ」

「お天気がいいから外でコーヒーを飲もうよ」

忙しい合間にも、時間を見つけては素敵な企画を考えて誘ってくれます。

そして、1か月くらいの長い休暇を取ってハワイで過ごしたり、友人の別荘を巡ったり、自身で軽井沢に中古の別荘を購入し、リノベーションをして新たなる遊び場を設けたり。遊ぶ時間を作れるような生活スタイルを、自分で選んでいるのです。


「ずっと事務所にこもって仕事をして、コンビニ弁当を食べて生活しているような人がつくった家に、一生の投資をして暮らすなんていやじゃない？　楽しい生活を送っている人じゃないと、楽しい生活を送れる家はつくれないでしょう？」


とても納得のいく、心に響く言葉でした。

日々を丁寧に、大切に生きていないといい仕事はできないですよね。

この達人みたいにひと月休むことができずとも、時折そうして問いかけることで自分自身が人生の主導権を握り、主体的に生きることの大切さを再認識できるのではないでしょうか。


自分はどういう生活をしたいのか？

自分はどういう働き方をしたいのか？


日常に新しさや面白さを見つける。

自然から受ける感動とインスピレーション。

物や欲を持ちすぎずシンプルに暮らす。

心のゆとりが遊びになっていると感じています。
遊びが仕事につながっていると感じています。

自分の大切なこと、やりたいことがはっきりと見えてきたなら、それは自分自身の支えとなるでしょう。

第四章

我がしごと

wagashi asobiと
職人2人の歩み

本章では、2人の和菓子職人としての歩みを、ニューヨークと京都、それぞれゆかりのまちでの経験も交えながらご紹介します。

迷い込んでしまった和菓子の道

老舗和菓子店で働く傍ら、私がwagashi asobiの活動を始めたのは2006年のことです。その2年後の2008年から浅野やほかのメンバーが加わり、ユニットとして4人で活動するようになりました。

当時は休日はもちろん、平日を含めて年間100以上のイベントに参加していました。休日であれば、「トリプル・ヘッダー」なんていう日もあり、朝一でイベント会場にお菓子を届けて、そこから別のお茶会に参加し、夜にはまた別のパーティーに参加する。まさに「寝ても覚めても和菓子」の日々。

「稲葉さんは、昔から和菓子が好きだったのでしょうね？」とよく訊《き》かれますが、答えは「NO」。家が和菓子屋なわけでもなく普通の家庭で育ちました。

遊んでばかりの中学生活。高校受験は僅かな選択肢の中からぎりぎりで都立園芸高校食品化学科（現・食品科）に入学しました。入学当初こそ優秀な生徒でしたが転がり落ちるように成績は下がり、3年生になると生活指導を受けるほどの優秀な生徒になっていました。もちろん、大学に進む学力などなく就職希望。


中学時代の通学路にあったパン屋さんが、すごくいい匂いをさせていたのを思い出して、何となくパン屋さんに就職したいなと思うようになりました。時代はいわゆるバブル末期、求人票の厚みでいうと電話帳で2冊分くらいありました。給料ところがパン屋さんの求人を見て愕然とします。朝が早く休みも少ない。給料は安く、代わりに離職率が高いところが多かった。「うーん」と唸りながら求人票をめくっていくと、初任給が高めで休みも多く、朝が早いと書いていなかった、後に就職することになる老舗和菓子店に目が止まり、発した言葉が「先生、俺ココ入るわ」と即決でした。結局、仕事柄朝が早く苦しみました。

運良く内定をもらうことができて、「これで俺も一丁前の職人みたいに、ヘラを持ってお菓子をつくるようになるんだな」と、それなりに期待をふくらませ入社式へ向かったのですが、なんと配属された先はあんみつ屋さんの厨房でした。

当てが外れて、がっかりしてしまった私は、配属直後、上司との面談で、開口一番、「辞めようと思っています」と言っていました。「寒天を切ったり、あんみつを盛ったりするような、バイトでもできる仕事なんて、人生を賭けて勤める仕事じゃない」と思ったのです。

今考えれば若気の至りで、自分を殴ってやりたくもなりますが、高校時代はバイトを掛け持ちして初任給くらいは稼いでいたこともあり、「こんな給料じゃ、絶対やってられない」と思ったのです。

当然、上司にこっぴどく叱られて何とか思いとどまり、その部署にはそこから2年間いることになります。ただその間もちょくちょく遅刻を繰り返すような、優秀な社員で、よくクビにされなかったなと思うほどひどかった。

3年目にようやく生菓子工場への配属が決まりました。生活態度の情報が工場の上司へと引き継がれていたようで、初日に「今までのままだったら要らないから」と、くぎを刺されたことを覚えています。

「これでやっと思い描いていた職人みたいな仕事ができるようになる！」と、意気揚々と働き出すのですが、そこでもすぐに「忙しくていやだなぁ」と思うようになってしまった。忙しく伝票に追いかけ回される状況がとにかく、いやでいやで仕方がなかった。これも今思えば私自身が仕事の段取りができていなかったこと、職場全体の流れに乗れていない、できない人間の言い訳だったのかもしれません。

私の父親は私が入社して2年目に他界していたため、相談できる大人が近くにいませんでした。そこで、植木職人をやっている親友に「職人の世界は、俺みたいな人間には向いてないのかな」と、電話で愚痴にも似た相談を投げかけてみると、「ちょっと待って」と彼の親方である実の親父さんに取り次がれ「お前辞めんのか？　昔から『石の上にも三年』って言うだろう。何もできないお前に何がわかる。3年続けてもだめならまたそのときに考えればいいから続けろ！」と言われました。仕方なくもう少しだけ我慢して頑張ってみよう、という気持ちになりました。

そうして3年後、やっぱり人の気持ちというものはそう簡単に変わるものではないですね。好きになれませんでした。

また人事面談の季節がやって来たので、ニューヨーク店へ異動希望を出してみました。当時はちょうどスチャダラパーなどのヒップポップの音楽がブームで、私も大きめのユニホームにキャップにスニーカーを履いて「YO! WHAT'S UP!」と言ったり言われたり、「本場のヒップポップカルチャーを見てみたいなぁ」という軽い気持ちからでした。

あっさり希望は通ってしまいました。もちろん、「和菓子という素晴らしい文化を世界に伝えたい」というような気持ちはさらさらないままに……。

そして1997年、私は期待に胸をふくらませ、ニューヨークへ渡ります。結果的にニューヨーク店が閉店する2003年まで、丸6年もの年月をあの街で過ごしました。

ニューヨークで見つけた和菓子の魅力

毎日和菓子をつくり、時間を見ては店頭に出てはみるのですが、お客様から「モナカって何?」と尋ねられてもうまく説明することができません。まして、英語でなんて説明できないのです。和英辞典を片手に「ライスウェハースの中に甘い豆のペーストが入っています」と説明したところで、「……ふうん?」という反応。

和菓子に詳しいわけでもないし英語もできない。何もできない現実を思い知らされました。つらかった。その経験から、「和菓子のことをもっと知らなければだめだ」と、和菓子職人になって初めて自主的に和菓子を学びました。

和菓子について勉強するにあたっては、本を読んだり、ちょうどインターネットが普及し始めたころだったのでサイトを見たり、日本の会社にある資料を取り寄せたりして読んでいました。余談ですが、「和菓子関連で一番大きくて値の張る本を買いさえすれば、和菓子のスペシャリストになれるだろう」と思い込んで、8万円以上もする本を自腹で買い求めたこともあります。蓋を開けてみたら、老舗の銘菓カタログのようなもので、私が欲していたものとは違いました(笑)。

私は素材や造形としての和菓子以前に、そうした伝統表現を裏打ちする日本文化について学びたいと思いました。

ニューヨークでも〝禅〟はブームが起こるほど人気でした。仏教は6世紀初頭にインドから中国を経て伝来し、日本独自の発展を遂げていくのですが、その一派として鎌倉時代に伝わった禅宗は、時の権力者による庇護のもと隆盛し、水墨画や庭園、茶の湯といった文化的な事象に大きな影響を与えました。和菓子はそこに結びついているわけです。

こうしたことを一所懸命覚えて店頭で話してみると、アメリカ人がもなかを1個、羊羹を1棹と買ってくれるようになりました。

〝梅〟を意匠にしたお菓子をお客様に売るためには、単に梅の花やその造形表現、味わいを説明するのではなく、そこに付随する日本文化まで伝えることで、和菓子の表現の奥深さを知ってもらう。日本人がこれまで〝梅〟というものをどう捉え描いてきたのか、俳句や和歌、屏風や着物の絵柄など、梅にまつわるいろんな情報を収集しました。

そうして、「これはプラムがテーマのお菓子です。日本人は昔からプラムに思い入れがあり、プラムに心境を重ねたり世相を反映したりして、歌の世界にも表してきたんですよ」と説明して、ようやく1個買ってもらえる。広く浅い知識ですが、知らないのと知っているのとでは全く違い、そうした和菓子の文化や歴史を学び知ることで、初めて「和菓子って面白いな」と思いました。和菓子を通して、人とつながることができると気付きました。

入社からずいぶんと時間が経って、ようやくここから和菓子にのめり込んでいくようになります。

「意識高い系」和菓子職人？

そうしてさまざまな知識を身につけていくと、ニューヨークにいるのだから、もっと和菓子でやれることを探そうと欲が出てきます。無論、お店の中で売ることも大事ですが、和菓子をもっと広めるために、もっと人と関われることがあるのではないか。上司に「ニューヨーク・コレクションでお菓子を振舞いましょうよ」と提案したこともあります。さすがにそれは実現できませんでしたが、ニューヨーク店が閉店する最後の1年間は、いろいろなイベントで和菓子を提供する機会が得られました。

そのきっかけをつくったのは、たまたまキッチンスタッフとしてアルバイトに来てくれた同じ歳の青年でした。彼は日本で大学を卒業後、ベンチャー企業を経てニューヨークの大学にMBAを取得するために留学し、学びの集大成として1年間のインターンシップ期間を利用して私のいるニューヨーク店にやって来ました。マーケティングを学ぶ彼の周りでは、インターン先に金融系を選ぶ人が多かったようですが、実業の世界で実践してみたいと思ったそうです。

彼からMBA※プログラムで学んだことを聞いたり「和菓子がどうしたら広がるだろう」と、仕事終わりに議論したりするのは、非常に刺激的な時間でした。

少し話が逸れますが、私もマネジメント論やマーケティング理論、ブランド戦略などのビジネス書や経営書を、片っ端から読みあさっていた時期があったんです。

高卒で就職したのは先にも述べたとおりですが、ちょうどバブルが崩壊したくらいのタイミングで、翌年には多くの有名大卒の後輩が現場に配属されてきました。バブル入社の高卒、19~20歳で、厳しい就職戦線を勝ち抜いてきた22~23歳の人たちの先輩になってしまい、私は強いコンプレックスを感じていました。自分と彼らとのギャップが大きすぎて、先輩風を吹かせて偉ぶる感じも痛い。学の無さが恥ずかしくて、身の置き所がなくなった自分が走ったのは、今でいう〝意識高い系〟のビジネス書を読みあさることでした。本に書いてあったことを受け売りで翌日話すと、「へえ~」と尊敬してくれるわけです。ただ、なかには経済や商業の学部卒の人もいるので、それに対してのコメントが返ってくる。慌てて、さらにまた本を読んで、また話して……という繰り返しでした。

振り返れば、このときのやり取りで知識が磨かれて、今に活きています。起業するには、技術ももちろん必要ですが、こうした素養も必要です。コンプレックスが何かの原動力につながるのだとしたら、むしろコンプレックスはひとつのチャンスです。

※MBA……経営学修士。ビジネススクールの修了者に与えられる修士号

和菓子を伝え、和菓子を奪った自分

アルバイトの彼と和菓子の価値について話を重ねるにつれ、彼が和菓子屋の地下の厨房にこもって黙々とお菓子づくりの手伝いをしているのはもったいないな、と思うようになりました。この能力をもっと活かせる場があるのではないか？　私は彼に「会社の短期・中期長期のビジネス計画書をつくってみない？　海外でのプロモーショナル・マーケティング担当として正社員雇用してもらえるよう、上司に掛け合ってみるよ」と提案しました。結果、彼の採用が決まりました。

当時、ニューヨーク店では、併設しているカフェをもっと利用してもらえるようにと、サラダやランチセットも提供していました。私は「和菓子をもっと広めたいのに、料理なんかつくっている場合じゃない」というジレンマを抱えながら過ごしていました。すると、その様子を見ていた彼が「稲葉さん、そんなふうにサラダをつくっているのも今のうちだよ。今に和菓子しかつくっていられなくなるくらい忙しくしてやるよ」と言ってくれたのです。そこから彼は実際に、有名デパートやジャパン・ソサエティ（日本協会）のイベントなどの仕事をどんどん取ってきてくれるようになります。

もっと食べてもらいたい、もっとプロモーションしたい、もっと、もっと……！　夢は広がるばかりでしたが、同時多発テロや景気後退などさまざまな理由から２００３年10月31日、ニューヨーク店は閉店しました。

少しずつ和菓子の魅力を知ってもらい、リピーターのお客様が増えてきた矢先のことでした。現地の人たちに和菓子を紹介し、和菓子を与えたのも私たちでしたが、和菓子を彼らから奪ったのも私たちでした。

「すごくおいしい、こんな素晴らしいものがあったのね」「ここにいると癒やされるわ」と言ってくれていた人たちを癒やせる場所が、明日からはもうない。申し訳ない気持ちでいっぱいでした。後片付けを済ませ、空っぽのキッチンで１人になったとき、あまりの口惜しさや無念さに耐え切れずボロボロに泣きました。また再び会社でここに戻って来るのか、それができないのなら自分たちでまたこういう場所をつくれないか、と、その後もしばらくは考えていました。

彼とはその後もよき友であり、相談相手になってもらっています。

チョコレート×和菓子

じつは、ニューヨーク店の閉店が決まった後も、ニューヨークを離れたくなかった私は、ギリギリまで就職口を求め、知り合いや出会う人に「力を貸してほしい」と協力をお願いしていました。しかし、下手くそな英語と和菓子しかつくれない自分を引き受けてくれるところが、そう簡単に見つかるはずもありません。「やっぱりだめだったか」。私は半ば諦め、帰国土産を買いにブルーミングデールズという百貨店を訪れました。ここは以前、イベントを行った思い出の場所です。お世話になったスタッフさんにあいさつして帰ろうと、売り場に立ち寄って事情を話すと、「あなたはニューヨークに残るべきだわ。私があなたをサポートできる人を紹介するから任せて」と言ってどこかに行ってしまいました。しばらくして戻ってきた彼女は、「今夜、その人があなたに直接電話をするから家で待ってなさい」とも言いました。

本当に、見ず知らずの人間に、手を差し伸べてくれる人なんているのだろうか？　期待半分、不安半分で、言われたとおり電話の前で待っていると、本当に電話が鳴りました。電話の主は、マリベル・リバーマンさんという女性でした。

「友人からあなたの話を聞いたわ。ビザと仕事をサポートしたいから、私のオフィスまで来られるかしら？　あなたの和菓子も持って来てね」と言います。

翌日、彼女に言われたアドレスを訪ねていくと、なんとそこは、セレブ御用達で有名な高級チョコレート店の「MARIE BELL NEW YORK」でした。

マリベルさんはショコラティエであり、お店のオーナーです。緊張する私を、彼女は飛びっきりの笑顔で招き入れてくれました。そして、ホットチョコレートを飲みながら、私が持参したお菓子をつまみに、私たちはいろいろな話をしました。その話し合いで、私は一旦帰国し、半年後からチョコレートをつくり、和菓子もつくるという内容でお世話になることが決まりました。これで和菓子職人としてやり残したことや置き去りにしてしまったお客様たちに罪滅ぼしができると思いました。

しかし、いざ帰国して東京の現場に戻ってみると、自分の職人としてのレベルの低さを痛感しました。現場の人たちからは「使えない中堅が異動してきた」と思われたでしょう。当然です。和菓子に興味もなければ、大した技術もない人間がニューヨークに行き、向こうでは厳しい上司もいない環境で「俺はアメリカでNO.1和菓子職人だ」と、目も当てられない勘違い野郎になっていたのです。

何も迷う必要はありませんでした。和菓子も満足につくれず、チョコレートの知識もない自分がニューヨークで彼女に雇ってもらうのは、アンフェアでしかない——。あまりの申し訳なさから、直接会って自分の気持ちを伝えようと、帰任休暇を使って再びニューヨークに向かいました。

そして、あのときと同じ笑顔で迎え入れてくれた彼女に、私は絞り出すように一つひとつ、自分の思いを語っていきました。帰国してみて、今の自分では何も与えてあげられないとわかったこと、いろいろサポートしてもらったのに、期待を裏切ってしまい申し訳なく思っていること……。話を最後まで聞いた彼女は、私にこう声を掛けてくれました。

「将来、モトヒロの準備が整ったら、そのときは一緒に仕事をしたいわ」

その優しさにただただ泣けてきて、彼女の言葉に応える意味でも和菓子職人として頑張ろう、と心に誓いました。

じつは、この話には後日談があり、10年後、私たちは東京で再会を果たします。その日、私は彼女のお店が東京に進出したことを、レセプションパーティーに出席した友人のfacebookで知りました。

「マリベルさんが日本に来てる！」

気付けば家を飛び出して会場に向かっていました。招待状もないけれど、どうしても会って、あのときのお礼と、今はwagashi asobiとして独立して頑張っていることを伝えたかった。受付で予想どおりの入場拒否でしたが「マリベルさんを呼んでください。昔、お世話になった者です」とお願いしました。

彼女はやはりあの笑顔で迎えてくれました。「オー、モトヒロ！」と再会をお互い喜び合いました。そして、ドライフルーツの羊羹を渡しました。「あなたも成功したのね、おめでとう！」と、自分のことのように喜んでくれました。

結局、ニューヨークで和菓子屋をすることも、ヒップポッパーになることもありませんでしたが、私を和菓子職人にしてくれたあの街はいつまでも心の故郷です。

和菓子を楽しんでいる人にはかなわない

浅野は、後輩の職人として修行先に入ってきました。小さいころから食に興味を持ち、北海道栄養短期大学に入学しました。校内の図書館で見た和菓子の本に魅せられ、和菓子職人の道を志したそうです。本に紹介されていた菓子の写真を頼りに、素敵だと思った和菓子の製造元に直接電話を掛けて「修行させてください」と伝え、就職先を探しました。当時はまだ女性の和菓子職人に対する理解が進んでおらず「女性は採らない」「職場に女性が入ると雰囲気が変わるから…」などとあしらわれたそうです。

自分の夢を諦めずチャレンジを重ねた結果、20歳で京都の老舗和菓子店、鍵善良房さんの長い歴史のなかで初めての女性和菓子職人として迎え入れられました。たまたま和菓子の道に迷い込んだ私とは、和菓子に対する情熱が違いすぎます。
「いつか独立したい」という夢を持ち、地元・北海道を離れて修行の日々。計量や製餡など男性の職人たちと同じように仕事をこなして過ごしました。このときに尊敬できる師匠と出会えたことが、彼女の和菓子職人としての人生にとても大きな影響を与えています。

「子曰、知之者、不如好之者、好之者、不如楽之者」

子曰く、これを知る者はこれを好む者に如かず。
これを好む者はこれを楽しむ者に如かず。

（訳）孔子は言った。あることを理解している人は、それを好きな人にはかなわない。あることを好きな人は、それを楽しんでいる人にはかなわない。

「君を見ているとこの孔子の言葉を思い出すよ」と教わった言葉だそうで、師匠の直筆で書かれたその紙は今でも大切にしているそうです。
「和菓子にまつわるいろいろに触れることが楽しくて仕方がなかった毎日。この言葉があったから、どんなにつらいことがあっても、今まで続けてこられたと思う大切な言葉」と浅野は話してくれます。
その後、北海道、東京で修行を積んできた経験と、「女性ならでは」というよりは「彼女ならでは」の感性を、wagashi asobiでいかんなく発揮しています。

大好きな和菓子と真剣に向き合ってきた彼女は、和菓子職人として努力家でもありますが「ドライフルーツの羊羹」や「ういろう生地にエディブルフラワーを練り込む技法」を考案するなど、新しいアイデアを生み出すセンスは時として天才的です。同じ和菓子職人として尊敬しています。

先にもご紹介した「しろ」の企画に浅野が遊びに来てくれたときに私がお題をもらい、自分で材料から考えた和菓子をつくり食べてもらうという活動が、彼女にとってはとても新鮮な驚きだったようで、「面白い！こういう発想はなかった」

浅野氏が短大在学中に魅せられ、和菓子職人を目指すきっかけとなった本を眺める２人

と言ってくれました。

　その後、彼女が紹介してくれたアーティストさんの個展に行ったときに、たまたまその会場に来ていた写真家さんとお話をしているうちに「じゃあ来月、僕の個展のオープニングで、稲葉くんと浅野さんで何かつくってよ」と言われたことがありました。サーフィンが趣味の水中写真家さんの個展。オープニングのパーティーでは彼の真っ赤なヴィンテージのサーフボードを皿の代わりに使い、海や波をイメージした和菓子を並べておもてなしのお手伝いをさせていただきました。このイベントを機に浅野の活動範囲が広がり、和菓子職人ユニット wagashi asobi として活動を始めることになるのです。

第五章

わが仕事

wagashi asobiの
仕事術

本章では、wagashi asobiの独立や経営についてのお話をさせていただきます。

私は20年お世話になった老舗の和菓子屋を辞めて、wagashi asobiとして独立起業しました。会社員というのは社会的な信用もありますし、会社がつぶれるかクビにならなければ多少仕事ができなくても、死ぬか定年するまで給料がもらえて、しかも休暇や各種手当が法律で保証されている、とても素晴らしい働き方です。そんな会社員という働き方を失ってまで、独立起業するということは、見方によっては馬鹿げたことなのかもしれません。本章がこの「馬鹿げたこと」にこれからチャレンジしようと思っている方の参考にしていただけたらうれしいです。

章前半では独立起業時に参考にした「戦略論」「マーケティング論」「マネジメント論」について、私なりの解釈とwagashi asobiの場合の例を挙げてご紹介します。ビジネス理論に詳しい方にとっては決して真新しいものではないかもしれませんが、私たちなりの経営についての理論をまとめてみます。

後半では、実際の取り組みを経営哲学に触れながらご紹介します。

戦略論

和菓子屋でも花屋でも、商売を始めるとは経営者になることです。

経営にはいくつかのポイントがあります。これを知っていればある程度の道筋は立てられると思います。

まずは、「戦略論」という考え方が役に立ちます。このワードを見るだけで逃げたくなるかもしれませんが、とても簡単な話です。私は知人に勧められたリデル・ハートという、イギリスの軍事評論家の本を1冊、図書館で借りて読みました。目的を達成するために選択する行動の最適化を目指し、《目的》《戦略》《作戦》《戦法》《戦術》の順に考えていくのです。

《目的を決める》

最終的にどのような状態を目指すのか、ゴール地点を決めることです。現状からゴールまでのまっすぐな線を描けば、経営の軸になります。

↓

「社会と関わりながら豊かな生活をする」

《戦略を立てる》

ゴールまで行くための道筋をイメージして描くことです。

どのような可能性があるか。どのような障害が予想されるか。何年かけて取り組むか。現状からゴールまでの道を近道や寄り道、回り道も含めて、できるだけ多く地図に描きます。

達成しなかった場合の諦めどころと、落としどころを決めておくことも大切なポイントになります。

↓「地元の銘菓として、このまちの人たちに自慢していただける和菓子屋になり、1日でも長くお店を続ける」

《作戦を立てる》

戦略として地図に描いた道で、到達の可能性が高いルートを選びます。近道でもリスクが大きければ回り道も選んでください。
ポイントは到達の可能性の高さです。

↓「自信作の和菓子で勝負する」

《戦法を決める》

作戦として描いた道を進むうえで、予想されるリスクに対しての対応を決めます。

ポイントは、複数の戦法を用意してさまざまな事柄に対応できる準備をすることです。

↓「店頭販売を軸に、ワークショップや通販などを組み合わせて事業を成立させる」

《戦術を立てる》

戦法を効率よく成功に導くために、個々の技のレベルを上げ〝武器〟を用意します。

とても地道な作業の積み重ねや、投資に対する効果がすぐには見えてこないことがある点を理解しておきましょう。

↓「材料のこだわり・丁寧な接客」

このようなイメージです。これらを長期・中長期・短期と、それぞれに置き換えて戦略的な経営計画を立てることがポイントだと思います。

この戦略的な考え方で最も注意しなくてはいけないことは、すべての〝矢印〟が最初の《目的》に向かっていることです。

時として目的を見失い、作戦（手段）の成功が目的にすり替わることがあります。わかりやすい例で言うと、

「おいしい和菓子を、より多くのお客様に届けたいという想いから機械による大量生産を始めたが、機械の性能に合わせ配合を変更をしたために和菓子の味が落ち、結果としてお客様に喜んでいただけない」

そんなことにならないように明解な目的を掲げ、決して目的と手段を見間違わないようにすることが大切なのだと思います。

続いては、「マーケティング論」と「マネジメント論」です。

前章でも触れたとおり、私は修行時代に後輩に対する変なコンプレックスから

この辺りの本を読みあさりました。たくさん種類がありますが、大体同じようなことが書かれています。どれでもよいので、できるだけ「基本編」のような体系的に学べる1冊を、それぞれ手に取ってみてください。

マーケティング論

これは簡単に言えばお客様の気持ちを読み解く作業で、6W1Hで考えると理解しやすい商売の基本だと私は思います。

《WHO・誰が?》は当然、商売する者自身ですのでここでは割愛し、《WHAT・何を?》《WHEN・いつ?》《WHERE・どこで?》《WHOM・誰に?》《WHY・なぜ?》《HOW・どのように?》の項目ごとに、具体的に説明します。

《WHAT・何を？》

「何を売って商売をするのか」です。

何か新しいものをつくり出し、買ってくれるお客様を探して売る。この〝ものづくり発〟の商売を「プロダクトアウト」といいます。

もののない時代には、このやり方でもある程度成功することがあったようですが、今は何でも手に入る飽和市場の時代のため、この考えだけでは厳しいと思います。

お客様が何を求めているかを考え、その欲求を満たすことのできるものやサービスをつくり、市場に提供する「マーケットイン」という商売のやり方が効率的だと思います。

↓「地元の銘菓と呼ばれるものがないので、
銘菓になれるような和菓子をつくる」

《WHEN・いつ？》

「どんなタイミングで商売をするのか」です。

お客様の生活のリズムによって営業時間を決めることや、また商品によって時間帯や天気、季節で売れる数も変わります。

↓「お盆や年末年始は手土産にしていただけるので、いつもより多く製造する」

《WHERE・どこで？》

「どこで商売をするのか」です。

その場所や地域によってお客様の生活や考え方が異なり、求めるものも変わってきます。

その場所について深く知ることが成功のカギになります。

対象となるお客様が多い場所を選ぶ、ということもあります。

↓「長原は住宅地で、
お客様になってほしい素敵な方が多く生活している」

《WHOM・誰に？》

老若男女、皆さんにお客様になってほしいと思うのは当たり前ですが、なかなかそうはいきません。

「誰に買っていただきたいのか？」

「どのような人に喜んでいただきたいのか？」

「どのような人がお客様なのか？」

を理解することで品質やパッケージ、価格帯などの具体的な指標になります。

↓「地元に暮らす人たちを中心に、
東京の手土産を求めるお客様に喜んでいただきたい」

《WHY・なぜ？》

前章でも触れていますが、商売の目的や必然性についてです。

これはお客様にとって、目的や必然性があるか否かを考えるとよいと思います。ただし、生活費がほしい、有名になりたいといった、自分自身にとっての必然性はマーケティングとは別です。

↓「おいしい銘菓が地元にあれば、お客様が友人や知人に地元の自慢ができる

↓このまちに暮らす人のステータスになる」

《HOW・どのように？》

商売のやり方・手段についてです。

「店舗を構えるのか？」

「規模は？」

「どのくらいの価格帯で？」

「どのようなパッケージ？」

という具体的な部分です。

かけられるお金と見込める売り上げなどを試算することも大切です。

お客様と直接関わる重要なところです。どのようにすればお客様に喜んでいただけて、商売として継続できるかを考えるといいでしょう。

→「自分たちでつくり自分たちで売る。
顔の見える商売をする」

なお、マーケティングを考える際のコツは、次の3点だと思います。

（1）誰でも思いつくような当たり前のことを情報として集めて整理する
（2）できるだけ自分たちの置かれている状況を客観的に捉える

（3）初めだけではなく、繰り返し状況の確認をする

マネジメント論

最後にマネジメント論についても簡単にご紹介します。

マネジメントに関してはPDCと言われるサイクルがありますが、私はこの繰り返しさえしっかり行っていればよいと思っています。

PDCとは、《PLAN・計画》《DO・行動》《CHECK・検証》の頭文字を指します。

最近では《ACTION・対策・修正》を入れるPDCAサイクルという考え方もありますが、私にはややこしいのでPDCで見ていきます。

《PLAN・計画》

「やることリスト」をつくり、それをこなすスケジュールを立てます。

↓

「今日は新作のハーブのらくがんをつくろう」

《DO・行動》

計画どおりに行動します。

↓

「新作のハーブのらくがんをつくります」

《CHECK・検証》

行動した結果を検証します。

↓

「ちょっとハーブの香りが弱いかな」

1サイクル目

《PLAN・計画》

検証した内容に対する改善計画を立てます。

↓

「香りが弱かったのでハーブの量を増やしてつくろう」

《DO・行動》

…

2サイクル目

このようにPDCを螺《ら》旋《せん》状に繰り返すことで、より継続的に向上させていくことがマネジメントです。品質の維持・向上といった品質管理や生産管理、業務改善などあらゆる面で使えます。

ここまでの理論をまとめると、

戦略的な計画を、マーケティングの発想で組み立てて、マネジメントする

ということになります。
これで目的達成の形が現実的に見えてくると思います。
ぜひ、「馬鹿げた夢」を、少しでもリアルに感じてみてください。

自分たちがやれる〝せいぜい〟で開業

wagashi asobiの開業に潤沢な資金があったかといえばそんなはずはなく、頑張って出せたのは、一人たったの50万円。合わせて100万円の中から、ほんの少しの運転資金を残してお店をオープンさせました。

ここからは、私たちのような小さな規模のお店が、実際にどのように商売を始めたのか、どのように商品の認知度を上げてきたのか、経営哲学にも触れながらお話ししていきたいと思います。

まずは、店舗です。

先にも少し触れましたが、前の借主であったカフェのオーナーさんが、厨房設備など、すべて私たちのために残していってくれました。さらに、物件が空いて私たちが借りるまでの約4か月間、大家さんは「借りたい人が来たら貸すけど、広告や不動産屋には言わないでおいてあげる」と言ってくれました。とにかく節

お気に入りのカフェの閉店に際し、そのまま居抜き物件を借りられることに。4月1日のオープンに向け、やれる“せいぜい”で準備を進めた

約、節約で、契約も不動産業の友人に薄謝で契約書の作成など手続きをしてもらいました。

内装についてもキッチンはほぼそのまま使うこととし、そのほかは中古の作業台1台を購入したのと、保健所の指導のもと間仕切りを自分たちでつくり営業許可を取りました。

備品も、材木屋さんで購入した大きな板を2脚の木挽台《こびき》に乗せてテーブル代わりとし、また電話やFAX、文房具こそ新たに購入しましたが、パソコンと椅子とベンチは家にあったものを利用。肝心の商品は、浅野のアンティークのミシン台に和菓子を並べることにしました。

また、製菓器具は、道具屋の倉庫に置き去りにされていた大きな銅鍋と、羊羹を流す道具を購入した以外は、ほとんどが独立前から持っていたものや、廃業された和菓子屋さんから譲り受けたものでまかないました。

お金を借りて、立派な設備を整えて、商品をたくさん並べて……というやり方もあるかもしれませんが、私たちは、そのとき、そのときにできる〝せいぜい〟のことから始めることにしました。

夢にまで見た自分たちの店だからと、開業時にあれもこれもと借金をして、いざ素敵な店をスタートしてみたら返済と家賃に追われ、ようやく完済したころには店も傷み始め、心身ともに疲れ果てて廃業に追い込まれる――そんな人が多い、という話を耳にしていたことも教訓になっています。

結果的に、思い描く理想の姿に縛られることなく、自分たちがやれる〝せいぜい〟で始めたことがよかったのだと思っています。

職人2人が独立するにあたって決めたのは、〝小さな商売〟にするということでした。今でも「お金をいっぱい稼ごう」「従業員を養わなくては」と、収益を上げるために〝売れるもの〟をつくるような事業は、wagashi asobiがやることではないと考えています。だからこそ、大成功しなくてもいいから、確実に失敗しないことを念頭に計画を練りました。

欲張りすぎず、広げすぎず、実直な仕事を続けていくことで、盤石な基礎をこの先も築いていけたらと思っています。

パッケージについて

よく、お客様からドライフルーツの羊羹のパッケージを、「斬新」「おしゃれでかわいい」とおっしゃっていただくのですが、じつはこれは、かっぱ橋でセールになっていた紙製のパウンドケーキの型の上に、魚屋さんが値札に使う木製の手板をのせ、全体をリボンで結んで留めただけのものなのです。

開業する時点で、どのくらい売れるか想像もつかない状態でオリジナルのパッケージを何千ロットも確保することが難しかったため、「とりあえずは、ありものので」と始めました。

ドライフルーツの羊羹は、前述のようにユニット時代に「パンに合う和菓子」というオーダーを受けて創作したものですが、そのときは、ステンレスのパウンドケーキの型に羊羹を流してつくりました。羊羹は通常、「羊羹舟」といわれる型に流し込み、1棹分ごとに切り分けていくのですが、家に羊羹舟がなかったのでパウンドケーキ型を使用したという経験から着想を得ています。それにこの紙

紙製のパウンドケーキ型に手際よくドライフルーツを並べ、餡を流し込む。
そのままパッケージできるので衛生面においても理にかなう

製パウンドケーキ型なら、流してそのままパッケージできるので手に触れる機会が少なく衛生的なのです。

さて、このセール品との出会いによって、まずは紙製のパウンドケーキ型を使うことが決まったのですが、ビニールに包んだだけでは商品として売ることができません。「何か、ちょうどよい包材はないか」と探していたら、何気なく入った店で、天面の蓋にしたらよさそうなものが見つかりました。それが、魚屋さんが値段を書くのに使う木製の手板です。

これをパウンドケーキ型の上にのせてリボンで結んで留めたらどうだろうと、浅野に提案すると、「絶対いや！　上半身はシルクハットと蝶ネクタイなのに、下半身はトランクスだけみたい」と言われてしまいました（笑）。しかし、最初はそう固辞していた浅野も、よくよく見ているうちに「面白いかも。悪くないかもしれない」と言い出し、採用が決まりました。

怪我の功名というか、結果的に始まってみればそれがよしとされたわけです。お客様からは「まな板や皿の代わりにも使えて便利」などと、この板が勝手に一人歩きしていきました。この板にwagashi asobiのロゴのスタンプを押印したり、リボンで結んでそこに商品カードを挟んだり、といった工程も手作業で行っています。

じつは、このパウンドケーキ型には後日談があります。セールになっていたのには理由があり、廃版になった型落ち品だったそうです。安かったから買っていたのですが、そのうちに在庫も尽き「もうない」と言われてしまいました。結果的に別注扱いで、同じようなものをわざわざつくることになりました。

らくがんの場合も、本来なら木型を特注でつくってもらうのですが、先述のようにかっぱ橋で売っていたチョコレートモールド（型）を使っています。ユニットで活動していたときにたまたま遊びで使ったものをそのまま使用しているのですが、とりあえずこれで始めみて、落ち着いたら木型をつくる計画でした。

ところが、ハーブを使ったらくがんが今まで世の中になかったこともあり、独立当初から雑誌などで多くご紹介いただき、この形があまりにも強く印象づいてしまいました。結果、変えるに変えられなくなりずっと使っている状況です。

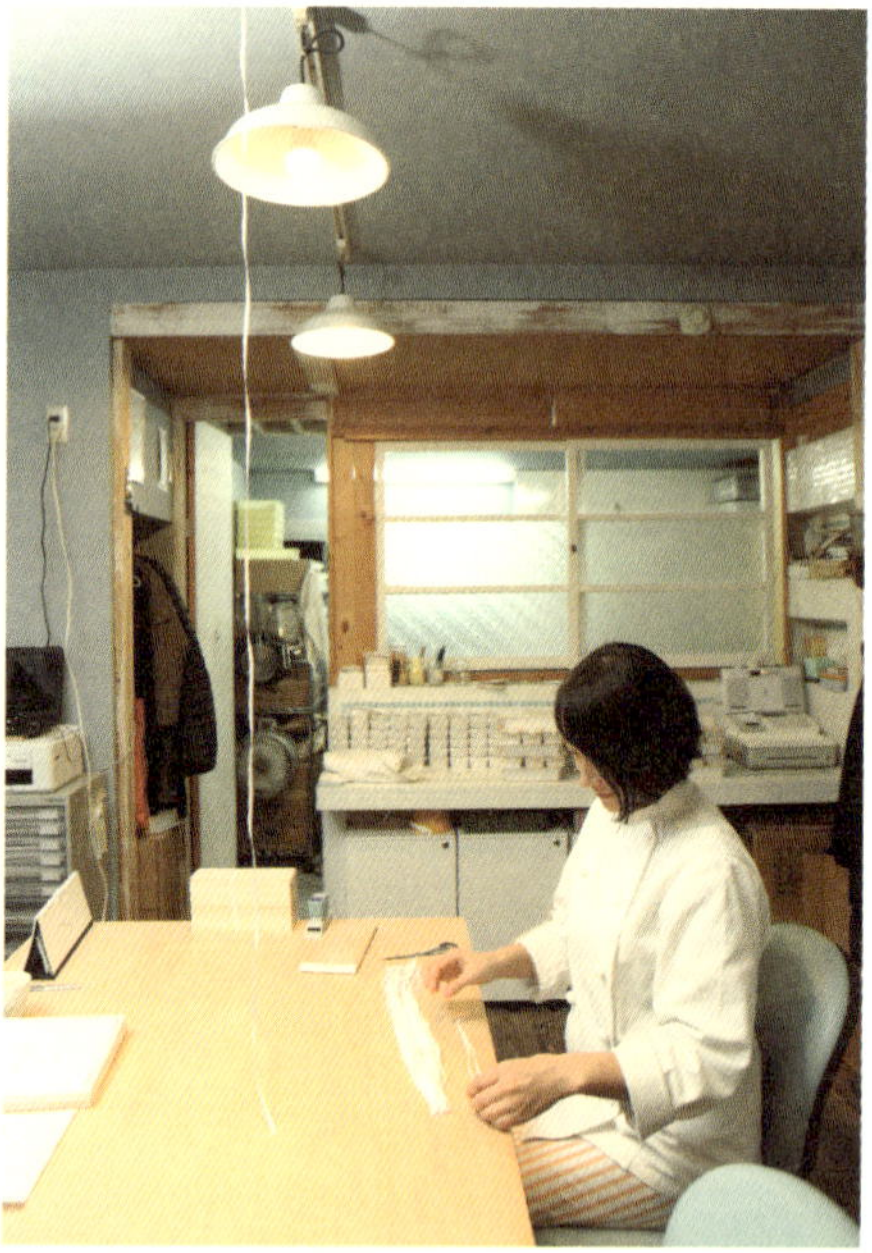

包装するためのリボンを切ったり、手板にロゴのスタンプを押したり。こうした工程は全て手作業で行われる

ロゴマークについて

第三章でも触れたように、2014年からは書家の根本さんにつくっていただいたものをロゴとして使用するようになりましたが、それまでの約3年間は自分たちでつくったものを使用していました。

コーポレートマークの「◎」には、「良い」という意味や、人との「和」、水紋の「輪」が広がる景色、また、お菓子を皿にのせたときの様子や、お饅頭を半分に切った断面など、さまざまな意味が込められています。

この「◎」にはフォントのArialを、「wagashi asobi」にはMSゴシックのフォントを使用していました。パソコンさえあれば、いつでもどこでもオリジナルのロゴを使える再現性の高さを優先していました。

規模感に見合う2品で勝負

「東京の長原という下町に、個性的な和菓子職人が独立して開いた店がある」

そう聞きつけた和菓子職人さんや和菓子屋の社長さんが、私たちがどうお店を回しているのか、実際に会って話を聞きたいとお店を訪ねてくださることがあります。そうして、彼らはお店を見渡すと真っ先に「本当に2品しかないんですね」とおっしゃいます。そして、「これで採算がとれますか？」「もっと種類を増やして売ったほうが儲かるんじゃないですか？」と尋ねられます。

私も独立を決めたときには、本当に自分たちが運転していけるのだろうかと、不安でいっぱいでした。ユニットで活動しているときは、材料の持ち出しだけでしたし、遊んでもらっているという感覚でしたが、これからは、ご飯を食べていかなければなりません。そのときに、資金力のある大手さんや老舗さんと同じようなことをやっていたら即つぶれてしまう。多角化などで規模を追求してきた結果、今日の供給過剰の市場のなかで疲弊している和菓子屋さんも多いと聞きます。あえて大きな市場を狙わず、細分化してターゲットを明確化することが大切だと思いました。

私が最初に考えたのは、店の規模感を設定することでした。wagashi asobiの店舗は、東急池上線長原駅から伸びる商店街の端のほうにあり、人通りが少ないため、和菓子を買い求めるお客さんの数もそう見込めないことがわかります。そこで、まず商品数を徹底して絞ることを決めました。そして、そのためには最大のパフォーマンスができる自信作で勝負する必要があると考えたのです。いたずらに規模を追求するのではなく、自分たちの会社員時代の2人の月給・年収をもとに、月間・年間の売り上げ目標を立て、それをまかなえる規模を算出していきました。そこから客単価を決めるのですが、原価を乗せた金額に見合った収益を上げるため、見込み来客数と、稼働日数を鑑みて算出しました。それを基準に、どういうものなら買っていただいたお客様に満足していただけるのかを擦り合わせた結果、第三章でも触れた「誰かと和菓子」という私たちの思想に基づき、地元の自慢の銘菓、自慢の手土産を目指すことにしました。

そうして導き出した単価は、ドライフルーツの羊羹が1棹2000円、ハーブのらくがんが4粒入りで360円でした。決して安いとは言えない価格ですが、お客様に満足していただくため、品質管理の向上など、継続的にクオリティを上げていくことに努めようと決めました。

1回につくれる羊羹は、いくら頑張っても鍋ひとつ分。基本的にこれが私たちの〝せいぜい〟です。それを「羊羹が売れるから増産しよう」「工場をつくろう」となってしまうと、「一瞬一粒（ひとつひとつ）に想いを込めてつくる」という、私たちが最も大切にする企業理念からはずれますし、それを可能にする気持ちの余裕がなくなります。さらに、そうして忙しくなってしまったがために、創作菓子などをつくったり、豊かな生活を送る時間がなくなってしまうのも本末転倒です。それであれば、1日にひと鍋ならひと鍋分を売って、それ以外は好きなことをやっていきたいと考えています。

「場」を限定する

また、あくまでお店の持続的経営のため、目標金額へのアプローチの手段としてのチャネル（＝場）候補を、自分たちのなかでいくつか設定しました。まずは、せっかく2人で独立するのだから、自分たちが好きなドライフルーツの羊羹と、ハーブのらくがんだけを売って経営を回していく前提でのチャネルを考える。今はありがたいことにそれでご飯を食べていけている状況です。

現状は百貨店などでも販売していただいていますが、売り上げ全体の約3割までに収まるように調整をしています。そこの売り上げに依存することなく、自店舗で売り上げの7割を確保していれば、外的要因に左右されず自立した経営が継続できるのではないかと思ったからです。将来的には自店舗で10割売り切り、売り上げを自分の店だけでまかなえるようにするのが目標です。

万が一、経営が立ち行かなくなったときのチャネルとして、和菓子教室や通販サイトでの販売、他社ブランドに製造を提供するOEMなども想定はしていますが、これらのチャネルを使いたくないからこそ、欲張りすぎず、広げすぎず、実直な仕事を続けていきたいと思っています。

ワークショップというのも自分たちにとって何番目かのチャネルですが、現状では文化事業の一環として捉えており、私たちが関わる必然性が見出せないま、企業の集客目的など商業的な理由での開催を控えています。経験や想いを互いにシェアできるものがあったり、和菓子の新しい可能性が見出せる場などには積極的に参加をさせていただきたいと思っています。

このように、場を限定することでいつでも自分たちの意思でwagashi asobiをコントロールできる、自由な環境を意識しています。

逆に言えば、私たちは目標金額以上のものをいただこうとは、あまり考えていません。市場を独占し、シェアの奪い合いを起こすのではなく、細分化したそれぞれの商売で、それぞれの利益を得られればよい、という考えです。繰り返しますが、欲張りすぎず、広げすぎず、つつましく生きていくのが理想なのです。

極論を言えば、wagashi asobiのお店の前に、どら焼き屋さんができても、もなか屋さんができてもいいのです。棲み分けさえできていれば、お客様を奪い合わずに経営が成り立つわけですから。むしろ、そうしておいしいどら焼き屋さんや、もなか屋さんができれば、「あのまちに行けば、おいしいお菓子が食べられる」と認識され、もっとまちが栄えるかもしれません。

堅実な経営こそ、最大の情報発信力

仕事というのは、もともと社会貢献であったという持論は、先にも述べたとおりです。私たちの社会貢献とは、地元地域の銘菓になり地元の人に喜んでいただくこと。そんな夢を持ってお店に立っているので、ここに訪ねてきてくれるお客様がいるのなら、できるだけ自分たちはお店にいたいと考えるのは自然なことだと思います。

社会に求められないお店は、淘汰されていってしまうものだと思います。大切なのは、お店にわざわざ来てくれたお客様においしい和菓子を提供することであり、その継続が最大の情報発信力にもつながるのだと思っています。

衣類や日用品など消耗品であれば、必要に迫られて買うこともあるかもしれませんが、和菓子のような嗜好品の場合、おいしくなければ二度と買っていただけません。その市場のニーズに応えていくためには、自分たちが誇れる和菓子をつ

お客様を迎える浅野氏。店頭でお客様を直接迎えることにこそ、
最大の価値があるという

くっていかない限り成立しえません。そのうえで、来てくれたお客様に「和菓子の持つ物語」などを付加価値として伝えていけば、そのお土産を持って行った先や知り合いに自慢気に発信してくださるようになる。結果としてお客様にとっての喜びとなり、さらには地元のステータス向上の一端を担うことにもになると信じています。

これには時間がかかるかもしれませんが「継続は力なり」で、そうした人たちの気持ちを裏切らず、堅実に経営していくことで地元の自慢のお店になれるのだと思います。

和菓子をメディアとして機能させる

東京の和菓子屋さんも地方の和菓子屋さんも、観光誘致という目的で地域の百貨店さんなどの催事などに出店することには意味があると考えます。そうした場が「この土地に来れば、こういうお菓子があります」と宣伝活動ができる〝メディア〟として機能を果たすからです。それによって相互交流を図っていくこともできます。

例えば、どこか地方のまちにおいしい銘菓があるとします。たまたま催事でその銘菓を購入し食べた東京の人が、旅行でそのまちを訪れ、観光をしてお土産で再度その銘菓を買う。あるいは、東京で働くそのまち出身の人が帰省した折に買い求めた銘菓を職場へのお土産にしたら、皆に喜ばれ「また買って来て」と言われる。それがきっかけとなり、数年に1度だった帰省が毎年になることもあるかもしれません。そのような魅力が和菓子にはあります。

しかし、それが地元を離れて市場に出回りすぎると、地方色がなくなり、地元の人の自慢にならなくなってしまうと思うのです。商品の魅力と個性と規模感のバランスが大切なのだと思います。

第三章でも触れたトークショーで、お客様から「和菓子の可能性」について問われ、ついついワンマンショーのように語ってしまったのは、「価値を決めるのはお客様である」ということでした。

「ほかのお店が生菓子を1個300円で売るから、うちも300円で売る」という発想ではなく、1000円でも負けないパフォーマンスをしてお客さんに納得していただけるのであれば、1000円でもいいのではないか、というお話をしました。業界として助け合うことは大切ですが、標準化を進めてしまわないように注意が必要だと思います。

また、地方ではやる気のある若い担い手が見つからず、後継者不足に陥っているケースが多いといいます。私自身、実際は地方で和菓子店を営んでいないので、偉そうなことは言えませんが、やはり大事なのは、お客様に喜んでもらうことであり、そのために、お客様に対して何ができるか、どういうものをつくるのかであると思います。それが地域の象徴的なアイコンとなれば観光資源になりうるし、それが地方創生のひとつの力にもなれる。それを、東京でもどこでも買えるようなことをやってしまえば、誰も来なくなってしまいます。そういう発想で個々が頑張っていけば、和菓子業界は、もっと面白くなるのではないか――そんなお話をさせていただきました。

既存の形に当てはめて商売を考えるのではなく、個々がそれぞれの目指す方向に立ち向かって舵を切っていくことが、ひいては業界全体の底上げにもつながるのではないでしょうか。

ムーブメントとは結果的に「起きている」もので「起こす」ものではない

近年、独自の個性を発揮する和菓子屋さんや作り手さんが増え、メディアでも紹介されるなど、和菓子に新たなムーブメントが起きていると言われることもあります。

wagashi asobiも、そのパイオニアのひとつとしてご紹介いただくことがあり、とても光栄だと思っていますが、その〝ムーブメント〟というものを自ら起こそうなどと思ったことは一度もありません。

私たちや彼らに共通するのは、個々が和菓子で何ができるのかを真剣に考えてきた結果、たまたま評価していただいたということだと思います。決して、「何か新しいことをやりたい」というような理由から始めたわけではなく、それぞれの解釈で和菓子にとことん向き合うなかで、「必然的に」独自のスタイルが生まれたということです。例えば、それまでの和菓子になかったスタイリッシュなパッケージデザインや、日常をモチーフにした創作菓子などがオンリーワンの個性となり、世の中もまた、それらを求めたという経緯があります。

wagashi asobiであれば、独自のスタイルはドライフルーツやハーブを使っていることです。繰り返すように、そこには、色素等を使いたくないという目的があり、色味をつける手段としてハイビスカスや苺を使っています。同様に、パンに合う和菓子をつくるという注文に応える手段として、ラム酒やドライフルーツを使っている。これは珍しいとか新しいという評価をされようと思って始めたわけでもなく、まして、業界からの評価を求めたわけでもありません。結果として目指した方向性に共感いただき、今があると思っています。

しかし、オンリーワンだった個性も、万が一、その上澄みの部分のみを抽出され「売れるものをつくろう」「流行しているものを取り入れよう」と、似たものがどんどんつくり出されてしまう事態に陥れば、標準化されて没個性になります。そうして、どこの店でもよく似たパッケージやお菓子が並ぶようになれば、「どこの箱かわからない」「どこのお菓子かわからない」と言われるようになってしまう。そうした標準化は価格競争を起こし、面白みのない業界にしてしまうでしょう。

せっかく新たなムーブメントと言われるようなものが起きているとするのであれば、足の引っ張り合いをするのではなく、やはり、それぞれが和菓子と真剣に向き合うという原点に立ち返り、自らの和菓子で自立することが重要なのではないかと考えています。

結局、ムーブメントというのは、起こそうとして起きるものではないのだと思います。

ムーブメントというのは、やはり前提として、個々が自分のお客様に対して何をするかを追求して努力した結果、面白いとか、素晴らしいといった評価となる。そのような独自性があり、評価を受ける優れた〝個〟がたまたま同じようなタイミングで複数現れ、世の中からそれらを集合体と認識されたときの状態を表すのでしょう。

逆に言えば、自立しない個々が集団となり話題づくりのイベントを繰り返すのはプロモーションのようなコマーシャル活動です。プロモーションが終わるとコマーシャルは流れなくなります。それとは異なり、本質的な評価に裏打ちされたムーブメントというのは、きっと歴史に何らかの痕跡を残し続けるのだと思います。

「イベント」ってなんだ？

私たちにとって、わざわざ商店街を歩いて買いに来てくれるお客様の存在が、一番大事な「評価」です。買いに来てくれたお客様が喜んでくれる、おいしかったからまた買ってくれる、おいしかったから人にあげる、あげたら喜んでくれたからまた違う人にあげる……。そうなることが最も重要です。

雑誌やテレビなどでご紹介していただくことはとてもうれしいですが、そこから得られるそのステータスは私たちではなく、お客様が人にお菓子を差し上げるときに「雑誌に載ったんだよ」「話題なんだよ」と、自慢していただけるような付加価値となってもらえたら、と考えています。

しかし、数年前までは、お店を空けてちょくちょくイベントやワークショップに参加することがありました。参加して話題になることが、地元の人たちの自慢になることだと盲目的に信じていたのですが、話題になるために外に出かけすぎたことで、お客様から「せっかく行ったのにやっていなかった」と言われてしまったこともあります。

そんな自分たちの甘さを気付かせてもらうひとつのきっかけとなった出来事がありました。２０１４年、浅草、隅田界隈の伝統工芸界の職人の中でもトップに君臨する大先輩方に混じり、江戸の浮世絵師・葛飾北斎が残した作品をそれぞれの分野で見立てた作品を展示する企画に、和菓子職人として参加させていただいたときのことです。

初日で羊羹が売り切れてしまいましたが、売り上げはなくてもこんなすごい方々とご一緒できているだけで光栄だと思っていた矢先に、その会場にいた大先輩から「誰か店にいて羊羹つくってるの？　明日の分どうすんだよ」「帰っててつくってこいよ。日銭稼いでいるような若いやつが、こんなところでウロウロするな」と言われてしまいました。

「売れなくてもいいよね」などと思っていた自分たちが恥ずかしくなり、その夜、アトリエに戻り寝ずに羊羹をつくり、翌朝、羊羹を持って行ったら笑いながら褒めてくださいました。これは自分たちのやっていることの適当さ加減を、改めて気付かされる一件でした。

また、同じ大先輩に、ふだんは友人たちとイベントを企画したりして活動しているという話をしていたときでした。

「さっきから、君の言う『イベント』ってなんだろうね？」

この一言が核心を貫きました。その場では何も返す言葉がありませんでした。

「イベントってなんだよ」という言葉には、自分たちの家業で満足に食べていけていない人間が、自分たちを知ってもらいたいがために、店を空けてまでイベントに出ている場合なのか、という警告が含まれていたのだと思います。世間から必要とされていないからこそ、知ってもらうための宣伝をしなければならない。そんな時間があるくらいなら、まずは自分の仕事に集中しろ、と。

大先輩たちは、当然、生活が成立していますし、弟子に技術も教え、生活についても教えています。そうして一人前に育った暁には、彼らが独立する準備をする。自分のお客様に紹介して、彼らが生活していけるだけの土産を持たせて独立させる、というお話もされていました。そう考えると自分たちの軽薄さを否が応でも痛感させられます。

そういう人たちと出会って「本気でやる」姿勢や、本質から考えることの大切さを学びました。やはり、揺るぎなく真面目に取り組んでいくことによって得る評価というものが、一番揺るぎのない評価になりうるのだと思います。

逆に、こうしたことを積み重ねていくことで、「遊び」の場で発揮できる技術や本気度の次元も変わってくるのではないかと思います。お遊びであっても、挑む以上は結果を出すということです。最近はとみに、本質的に何がしたいのか、何をすべきなのか、本当に必要なのかと自問するようになりました。

独立以降、私たちは、走りながらどんどん変化してきました。

今は「新しい」と言われている2品の和菓子も、何年先になるかわかりませんが、ゆくゆくは地元地域の人たちにとっての「スタンダード」になっていってほしい、という夢があります。

「実るほど頭を垂れる稲穂かな」ということわざがあるように、私たちはその夢をかなえるためにも、いつの時代も「おかげさまで」の気持ちを大切に、欲張りすぎず、広げすぎず、実直な仕事を続けていきたいと思っています。

第六章

わがし毎

wagashi asobi がつくる
和菓子

本章では、私たちwagashi asobiが和菓子のデザインを考えるうえで大切にしていることや、アイデアの組み立て方をお話しします。

実際に私たちがお客様にご提供した和菓子をご紹介しながら、一瞬一粒（ひとつひとつ）の和菓子に込めた想いについてもご紹介します。

高度で多用な造形美を表現する和菓子

最近「和菓子のデザイン」が、アクセサリーやアートなど、さまざまな分野から注目されています。ヘラや木型を使うもの、職人の手や指だけで仕上げられるものなど、美しくかわいらしい表現がさまざまにあります。和菓子職人が細工をする作業は見ているだけでも楽しめる、素晴らしいパフォーマンスでもあります。

和菓子ほど高度で多様な造形美を表現する食品は、世界的に見ても珍しいと言えるかもしれません。この和菓子のデザインのなかで造形的な表現をよく見てみると地域性による違いを感じることができます。京都などは比較的、抽象的な表現の菓子が多いのに対して、京都から離れていくにしたがい、より写実的な表現の菓子が多くなっている印象を持ちます。

例えば、京都で薄く淡いピンク色の饅頭で桜が咲き誇る春の山を表すとしたら、東京は桜の花そのものをより写実的に表現するといったイメージです。

京都では昔から公家や貴族など、高貴な人々によってさまざまな文化が育まれました。高い文化や教養は歌や茶の湯などに影響を与え、植物を擬人化して歌に詠んだり、器に風景を感じたり、見立てや想像することでお互いの想いを察して楽しむようになりました。そんななかで、和菓子のデザインも想像する楽しみを残した抽象的な表現になったのだと考えます。それらの文化が日本全国に広がる過程で、より多くの人が楽しめるよう、わかりやすい表現に変化したことと、和菓子職人たちの細工技術が高まったことで、写実的な表現の和菓子に進化したのだと思います。「風景を想像して楽しむ和菓子」と「菓子そのものの美しさを楽しむ和菓子」。2種類の表現パターンのどちらもが、和菓子文化の大切な要素のひとつになっています。

wagashi asobiのデザインプロセス

「デザイン」＝「造形」というビジュアル的な表現を思い浮べる人が多いと思います。しかし、和菓子のデザインを考えるうえで、この美しい造形表現はひとつの要素にすぎません。複数の要素を組み合わせ、もっと総合的な機能性を追求する作業が和菓子のデザインだと私たちは思っています。

では、和菓子のデザインとは具体的にどのようなものなのでしょうか？

和菓子のデザインを知ることで、「デザイン」の本質が見えてくるかもしれません。

和菓子のデザインの目的は〝おもてなし〟です。おもてなしとは召し上がる方に、おいしい・楽しい・美しい・面白い・食べやすい・驚き・なるほど……といった、できるだけ多くの〝喜び〟を感じていただくことです。この目的を達成する手段としての「味」「感触」「菓銘」「物語」「香り」「素材」「タイミング」「仕掛け」「サイズ」「造形」といったそれぞれの要素をいかに上手に使い、組み合わせるかが和菓子のデザインだと言えるでしょう。

ここで私たちwagashi asobiが、和菓子をデザインするときのポイントをご紹介します。

まずは6W1Hからヒント探しが始まります。

《WHAT・何を？》は当然、「和菓子」になるのでここでは割愛し、《WHEN・いつ？》《WHERE・どこで？》《WHO・誰が？》《WHOM・誰に？》《WHY・なぜ？》《HOW・どのように？》の項目ごとに、具体的に説明します。

《WHEN・いつ？》

旬の食材や、歳時記、季節にまつわる意匠、月や星など暦に関する情報、天気や気温、召し上がる時間帯など、和菓子に関する時間を意識します。

《WHERE・どこで？》

召し上がる方の出身地や生活の場所、好きな場所、召し上がる場所など、地域性を意識することで、その土地の食材や名物、郷土文化、歴史などの情報を得ることができます。

《WHO・誰が？》

ご依頼主がどのような方なのか、おもてなしされる方との関係性や立場、年齢、性別、好み、考え方など、できるだけ深く理解することで伝えたい「想い」が理解できます。

最も重要なポイントになります。

《WHOM・誰に？》

どのような人のためにつくるのか、性別、年齢、趣味、好み、苦手なもの、人柄、ご依頼主との関係性などを意識することで、共感していただける情報や喜んでいただけるポイントを絞り込むことができます。

《WHY・なぜ?》

ご依頼目的、伝えたいことをしっかり理解することで、つくる和菓了の果たす役割が見えてきます。

《HOW・どのように?》

茶会の菓子なのか、プレゼントなのか、サプライズ感は必要か。また、そこにいる人数や使う器のサイズ、色、デザイン、会場の雰囲気など、召し上がるときのシチュエーションを知り、その瞬間をイメージすることで、和菓子の可能性を最大限に発揮させることができます。

次は、ここまで集めてきた情報を整理して、ヒントを見つけていきます。

そこから和菓子をつくるまでのプロセスは、次のとおりです。

（1）ヒントをさらに整理することでアイデアが生まれる
（2）最も大切な軸となるメッセージを決める
（3）おいしく仕上げるための食材を探す
（4）盛り込む要素を絞り込む
（5）「驚き」や「なるほど」の仕掛けをつくる
（6）造形的なデザインと菓銘を決定する
（7）必要に応じて、盛り付けなど演出のプレゼンテーションを決定する

この一連の流れのなかで五行思想や茶道の決まりごと、習慣や習わしなども参考にしながら和菓子をデザインしています。

無駄を落とした「原点回帰」のデザイン

和菓子というのは、さまざまな要素を表現する、いわば〝小さな宇宙〟です。私たちはできるだけ無駄をそぎ落とし、シンプルな和菓子をつくるよう心がけています。特に視覚的な表現は最もインパクトが強いので、直接的な表現は控えています。好みの問題かもしれませんが、極論を言えば、和菓子のデザインはできるだけ無機質に近い状態で、何かしらの〝引っかかり〟さえあればいい。

例えば、秋に開かれるお茶会の席で真っ赤なお菓子が出てきたら、あなたは何を想像しますか？　それを見て紅葉を思い起こすかもしれないし、熟れた柿だと思う人もいるかもしれない。感じ取るのはお客様それぞれであって、私たちが押しつけなくてもよい場合もあります。

それに、「私はこんな想像をしたけど、あなたはどう？」と、各々の世界感を皆で共有するのも、和菓子文化ならではの楽しみ方ではないでしょうか。

とはいえ、私たち自身「無駄を落としたデザインを良し」と思い始めたのは、じつはここ数年のことで、以前は「和菓子」に軽くアレンジをしたようなデザインが格好いいと思っていました。しだいに、そこに凝れば凝るほど、お菓子自体が言い訳がましくなっていくことに気付き始めたのです。

それこそ独立前に活動していたころには、今となっては見るのもつらくなるような〝やりすぎな和菓子〟をつくったこともありました。最初は基本を守ることから始まり、自分なりにアレンジして遊んでみて、最終的に辿り着いたのは、やはり「原点回帰」です。

私たちの和菓子は、「今までにないデザイン」と言われることもあるのですが、じつは造形に用いている細工の技法は伝統的な基本に倣っています。修行時代、さまざまな経験を積ませていただいている分、お菓子をつくるには、安定した生地をつくったり、糖度のバランスを考えたり、基本的な製菓理論を持ち合わせていることも必要不可欠です。

私たちはあくまでも、アーティストではなく職人でありたいと思っています。

表現したいイメージを、どう落とし込めばよいのかわかるのは、職人ならではの強みかもしれません。

「粘土細工」に終わらない、物語のある和菓子を

先日、某美術大学からワークショップをやってほしいとのご依頼をいただきました。それは昭和の中期に活躍した職人、渡邉三次郎さん製作の菓子木型を一般公開するイベントの一環のワークショップで、私たち自身も木型を見たいこと、そしてデザインを勉強している学生さんに伝えたい想いもあったことから、必然性を感じて協力させていただきました。

ワークショップでは、練り切りというお菓子の細工を体験してもらいましたが、やはり美大だけあって、皆さん、私が話したことを理解して頭の中で形にするのがものすごく上手。さすがだな、と思いました。

そのとき、和菓子職人になりたいという学生が、ふとこんなことを尋ねてきました。

「道具はどこで買えるのですか」

私はそこで、彼女にかっぱ橋の製菓道具屋さんで手に入ることを伝えたうえで、さらに、三角ベラなど和菓子の道具を使った造形だから和菓子、ということではないと話しました。その本質はおもてなしの文化にあると。

確かに職人さんが使う道具には、専門のヘラやはさみなど特殊で使いやすい道具がありますが、文字どおり、それらはあくまでも道具です。言うなれば、小豆や砂糖だって原材料にすぎません。私はさらに、こう続けました。

「それらを使っても使わなくても、食べる人が一番喜んでくれる味や形、込めた意味合い自体が、皆さんが今学んでいるデザインと和菓子の共通するところです」

「誰かのために」と想いを込めてつくり、それを食べてくれた人が喜んでくれるのであれば、それが最高の和菓子なのです。道具ということで言うならば、例えば自分でオリジナルの道具をつくってみるのも面白いし、道具を使わずシンプルに包むだけでもいいかもしれない。

大切なのは〝手段〟でも〝材料〟でもなく、人をどれだけ喜ばせられるかという想いです。もっと言えば、その表現がたまたま和菓子かどうかだけ、ということなのだと思います。

昨今、表層の造形だけがもてはやされる傾向にあり、和菓子の世界でも造形だけが注目されることが多いように感じます。見る人を魅了し、感動させる圧倒的な技を見せてくれる工芸菓子や練り切り細工など、素晴らしい和菓子もありますが「何でも」つくることのできる和菓子の素材を使い、形だけの〝粘土細工〟や〝フィギュア〟のようなものを和菓子の表現として扱ってほしくないという気持ちがあります。その造形にどのような意味があるのかまで伝わったときに、デザインとなり和菓子として成立すると考えています。

デザインを勉強している学生さんだからこそ、なぜその形にする理由があったのか、裏で意図されたものを読み解くことの大切さについて、少しでも考えるきっかけとなってくれていたらうれしいです。

wagashi asobiの
和菓子

ピンク色の青

桜の舞い散る季節に水面を花びらがおおい尽くす様を、古典的な観世水という水を意匠とするデザインで仕上げたピンク色の莓のらくがんです。あるお茶席のためにつくりました。銘は「あお」としました。

菓銘　あお

「水色」と呼ばれる色があるように、
絵画やイメージでは、水は「青」で表現されます。
しかし、春の水面は、はかなく散った桜の花びらでピンク色に染まります。
花びらのために水面に映し出されることのない青空。

菓銘「あお」。桜の季節の茶席ならではの仕掛けが施されている

春によって隠された青がそこにあります。
春を象徴するピンク色の風景をあえて「青」とすることで想像の景色に広がりを感じていただけます。

一読してこじつけのような銘に思えるかもしれませんが、これは茶道などにも影響を与えている古代中国の自然哲学「五行思想」のなかで、春は青で表されることから着想を得ています。

「青」＝「春」という解釈で銘を付けた和菓子。
お席では、お客様と「なぜ、青？」と謎かけをして大変盛り上がりました。

見た目以上、想像以上の仕掛けを楽しんでいただくことが、職人の楽しみだったりします。

グラスを片手にSAKURA

某有名メゾンブランドの東京コレクションのパーティーのためにつくりました。

ブランドとして初めて東京でコレクションを発表するということで、声を掛けていただきました。

テーマは春。

世界中のファッション業界から注目されるイベントで、外国人のお客様も想定しながら日本らしい春を形にしようと思いました。

そこで、満開に咲き誇る桜の木を、苺の練り切りで表現しました。

苺を使ったのにはふたつの目的がありました。

ひとつは春らしさを演出すること、もうひとつは、外国人でもなじみのある食材を使うことで初めて食べる和菓子に対する緊張をほぐすことでした。

一見するとアイスキャンディーにも見えますが、このデザインにも理由があります。

見た目が〝ＫＡＷＡＩＩ〟ということもありますが、私たちがイメージしたのは、〝用の美〟でした。

通常の和菓子のように懐紙《かいし》や黒文字を使う食べ方は、日本らしく美しい。しかし、パーティーでグラスなどを片手に、さらに黒文字と和菓子では、手が足りなくなってしまいます。

おそらくテーブルも多くはないと想定し、片手でも食べやすい和菓子として、串だんごからヒントを得てこの形の和菓子になりました。

食べる人や場所、雰囲気や目的に合わせて和菓子をつくり上げる工夫が、和菓子の可能性を広げてくれます。

菓銘「SAKURA」。串だんごから着想を得たアイスキャンディーのような菓子

コミュニケーションツールとしての和菓子

「高尾山」をテーマにお菓子をつくったときの話です。

外国人観光客からも人気の、高尾山の環境保全を考える目的で茶会を開きました。当初は高尾山のふもとのツリーハウスで開催の予定でしたが、その日は朝から大雨。急遽、都心のギャラリーに場所を移しました。

私は事前に高尾山へ登り、くんで来た水で餡を炊き、ふもとのまちで積んだ蓬で練り切りをつくり、茶巾の絞りで「高尾山」という銘の和菓子を用意しました。

菓銘「高尾山」。環境保全をテーマに開かれた茶会用の菓子に、
地元素材を用いることでメッセージを込めた

茶人である友人も、当日大雨の朝にくんだ高尾の水で、「名水点《めいすいだて》」のお点前《てまえ》でお客様をもてなしました。

茶会では、当時進められていた圏央道のトンネル工事や登山者のゴミ、その他環境問題の話は一切せずに、ただ高尾の恵みの和菓子とお茶を楽しんでいただきました。

いろいろな難しい問題や考えを述べるよりも、高尾山の恵みを楽しんだ経験が清らかで楽しい思い出になることで、参加してくれたお客様自身が高尾山に行ったり、テレビや新聞などのメディアで情報を得たりしたときに、

「高尾山の和菓子食べたね」

「お茶おいしかったね」

と、思い出しながら考えていただきたいという想いがありました。

このときに、和菓子は情報を伝えたり記憶のなかに存在することで、食べ終

わっても人の生活に何らかの影響を与えることができる〝コミュニケーションツール〟や〝メディア〟として、とても高い可能性があることに気付きました。

和菓子の魅力はおもてなしというコミュニケーションであり、造形や味、素材などは、声や文字のような伝達手段なのだと思います。

和菓子職人というものは、その手段の組み合わせの妙で、おもてなしの想いを伝えるお手伝いをする仕事なのだと思います。

伝えきれない優しさの和菓子

お嬢様のご結婚を間近にされたご両親様より、お祝いのお菓子のご依頼をいただきました。

あるメディアでwagashi asobiを知ってくれたそうで、両家ご家族だけでのお食事会で、ご両親からのサプライズのお菓子としてご用意したいと伺いました。

お父様、お母様の優しさに包まれながら、健やかに成長されたお嬢様のご結婚を、とてもうれしそうに、ドレスやブーケの写真を見せながら話してくれました。

ご両親のお気持ちを伝えるお手伝いをしたい。そんな想いから、春の善き旅立ちをお祝いする和菓子を2種類ご用意させていただきました。

菓銘「フラワーシャワー」。ういろう生地にエディブルフラワーを練り込み、
ベールに降りそそぐ花びらを表現

菓銘　フラワーシャワー

フラワーシャワーには、花の香りで辺りを清め
新郎新婦お二人の幸せを祈るという意味があります。

「おめでとう！」とともに浴びる花びらには
ご両親、ご親戚、たくさんのご友人たちの想いが込められています。
花嫁のウエディングベールを下ろすのは
それまで愛情いっぱいに子育てされてきたお母様の役目。
そのベールに降りそそぐ、愛情と花びら。
そんな幸せいっぱいの風景をお菓子に致しました。

菓銘　いつの世までも

沖縄伝統の「ミンサー織り」
ミンサー織りの柄には
琉球王朝の時代から大事な人を守る力があると信じられ
大切な人へと贈られてきました。

ミンサー織りの五つと四つの模様には
「いつ（五つ）の世（四つ）までも末永く……」という想いが込められて
おり、いつまでも変わらぬ愛を誓った証とされております。

新郎新婦の永遠の愛と
ご両親の末永く幸せでいてほしいという願いを込めて、
ういろうを編んで円（縁）とし、

菓銘「いつの世までも」。ミンサー織りの意匠からヒントを得て、
依頼主の両親が願う娘夫婦の永遠の愛を表現

五つと四つのハートの金箔を飾った指輪を意匠とした和菓子を
当日のブーケをイメージした色合いのきんとんに合わせました。

後日、このご両親がお菓子のお礼を伝えるために再びアトリエに来てくれました。

お菓子を新郎新婦がとても喜んでくれたこと、式も披露宴も素敵だったことなどのお話を伺い、私たちも幸せを分けていただきました。

お話の途中でお父様は、その日の様子を思い出され、感極まって涙を流しながら何度も何度も、

「ありがとうございました。本当にありがとうございました」

とおっしゃっていました。そんなお姿に、花嫁の父の優しさを感じました。

新たなる旅立ちに想いを込めて。

いつの世までも末永く　お二人の幸せをお祈りしています。

銘を楽しむ和菓子遊び

横浜関内の茶室、SHUHALLYで開催された、月を楽しむ夜の茶席のためにつくった和菓子です。

2日間の企画でしたので、日々変わる月の満ち欠けを表現しようと、それぞれの日の月に合わせて調整したお菓子をつくりました。月を見て、菓子を見て楽しんでもらおうと試作を重ねていきました。

当日、2012年11月23日、横浜の天気は雨。
想定外の月の見えない月見茶会となりました。
急遽、お菓子の銘を「月雨相心」と付けました。
月は見えませんが空に月はあります。
11月の冷たい雨の空、心に月を想い楽しみましょう、という意味を込めて。

菓銘　月雨相心

銘を上から読み、下二文字を合わせると
「月・雨・想＝（つき・あめ・おもう）」になり、
銘を下から読み、中二文字を合わせると
「心・霜月＝（こころ・しもつき）」になります。

銘による言葉遊びで、雨降る11月のお月様を愛でる茶席を楽しむお手伝いをさせていただきました。

翌日、２０１２年11月24日、横浜の天気は晴れ。
お菓子の月の満ち欠けも変わります。天気も晴れたことで同じ銘を使えなくなりました。和菓子は「一期一会」の文化なのです。
この日の銘は「月無神在月」と付けました。

菓銘「月雨相心」。11 月 23 日、霜月の冷たい雨の空、心に月を想う

菓銘「月無神在月」。11 月 24 日、神無月、神在月を想い楽しむ

菓銘　月無神在月

11月は旧暦の10月にあたります。

神様が出雲大社に出かけてしまうため、「神無月」とも呼ばれます。

反対に神様の集まる出雲では、「神在月」と呼ぶそうです。

ところが、えびす様は地方に残って留守番をする留守神様だという説もあり、結局は「神在月」になるという話だそうです。

こちらも銘を上から読むと
「月無・神在月＝（月の無い神在月）」。
茶室から月は見えないですが、お菓子の月で神在月をお楽しみください。

銘を下から読むと
「月在・神無月＝（月の在る神無月）」。

今夜は、路地から見える素敵な月で神無月をお楽しみください。

銘による言葉遊びで、晴れた11月のお月様を愛でる茶席を楽しむお手伝いをさせていただきました。

やすらぎの和菓子Shi-an

死と向き合い生を考え、髑髏《どくろ》や骨をモチーフとした作品などをつくり、表現を続けるアーティストの個展「SHI-AN」の茶会の菓子としてつくりました。

銘は「Shi-an」。

イベントのタイトルからいただきました。

彼の取り組む「死」という壮大なテーマを、いかに和菓子でポジティブに表現できるか、非常に深く考え悩みました。

「もしかしたら挑んではいけないテーマかもしれない」とも思いました。

「死」について考えるときに必ず、「生」を同時に考えます。

ふだん、何となく「生」の先に「死」が待っているように、時間軸で考えたりします。

しかし、「死」という殻に「生」が包まれている。

「不安定な生」が「安定した死」に内包されているような感覚のほうが、自然なのかもしれないと考えました。

「永遠の安らぎ」とまで例えられるように、「死」はとても安定していて安らかです。

「生」はとても不安定で、いつ終わりが来るのかもわかりません。自身で終わらすこともできます。

菓銘「Shi-an」。「安定した死」が「不安定な生」を内包している様を表現

生きていると、死をとても恐れることがあります。生きていると、喜びや、楽しみもありますが、悩みや、争い、怯えなどもあり、もしかしたら生きているほうがよほど恐ろしく苦しいと考えることもできます。

菓銘　Shi-an

生をイメージ（血液や肉体）する赤い練り切りの中心にこし餡を包み、
白い練り切りの死装束（逆合わせ）を着せました。
安らかな死を案をじて生きる姿を銘として、
白は死の安らぎを表し、中心のこし餡の黒は生の苦しみを表現。
その苦しみを包み込む肉体の末期をさらに包む死装束の柄は、
漢字の「死」をデザイン致しました。

人は生まれて産衣《うぶぎ》に包まれることで、母の胎内に似た安らぎを感じるといいます。

この和菓子をつくりながら、人は死んで死装束をまとい、再び安らぎを得るのであれば、両者に通ずる何かがあるのかもしれない、と考えていました。

茶会に参加された方から
「何か、救われたような気持ちになりました」

との言葉をいただきました。


宗教や哲学など、いかなる手法でも解き明かされない事柄を和菓子にしたことで何ができたのか答えはありません。

死を美化することもありません。

ただ、この不安定な生のなかで、私たちの作る和菓子が僅かでも癒やしになれたのならば、挑んでみてよかったと感じています。

日本文化と旅するひよこ

日本人の感性として、
桜が咲き始めても
満開に咲き誇っても
風に散り始めても
散った花びらが道や川面を汚しても
葉桜も
生い茂る若葉も
木漏れ日も
紅葉も
落ち葉も
それが風で吹きだまった様子さえ
「吹き寄せ」なんて呼んでみて、美として愛でる心があります。

さらに、その風景をお菓子にして食べてしまう。

世界一食いしん坊な文化として和菓子があります。

そんな和菓子文化を伝えるために、「旅するひよこ」は、パリで誕生しました。

そもそものきっかけは、パリの料理専門書店「la cocotte（＝鍋・雌鳥の意味）」で、私が企画開催した和菓子を地元のパリっ子に紹介する「CHA KAI」というイベントでした。

イベント当日は、イースター・サンデーと呼ばれるキリストの復活を祝うお祭りの翌週末の土曜日でした。

イースターはまちの至るところにシンボルであるカラフルな卵が飾られ、それを模したチョコレートなどが売られます。

庭先などにあらかじめ隠しておいた卵を子供たちが探し出す、エッグハントと呼ばれる楽しいイベントも行われるお祭りです。

そのイースターから1週間が経ち、

「あのカラフルな卵がひよこにかえったよ」

というコンセプトで、ハーブティーや地元のマルシェで買ったフランボワーズ、ボンママンのジャムなどを使い、ういろうという餅生地で、親指の先ほどのひよこの和菓子をつくりました。

「日本には、過ぎ去りし祭りでさえ、こうしてひよこの菓子にして楽しむことができる和菓子という文化があります」

そんなメッセージを、この小さなひよこの和菓子に込めました。

外国の方に和菓子を伝えるときに、ついつい「あんこ」という彼らになじみの薄い、甘い豆のペーストをいきなり食べさせようとしてしまいます。

しかし、本来そこは目的ではありません。

私は、和菓子の魅力はお菓子にメッセージを込めて、おもてなしをすることだと考えています。

ニューヨークでの経験も踏まえ、あえてあんこは使わず、逆に、彼らの生活のなかにあるフルーツやハーブティーを使うことで、未知の食べ物に対する緊張を和らげることを考えました。


当日、会場には、ウェブなどで興味を持ってくれた70人以上のお客様が集まり、旅するひよこと抹茶でもてなしました。

現地のフランス人やたまたま居合わせた日本人観光客らが同じ空間で旅するひよこを食べながら、先週のイースターの話や、お菓子の感想など楽しそうにおしゃべりしていました。


お菓子としてはとても小さくシンプルなものですが、その小さな世界感を味わいながら、皆が想いを共有している様子を見て、何か手応えのようなものを感じました。

この企画で知り合ったパリの方々とは、滞在期間中、一緒に飲みに行ったりお家にお邪魔したりと、とても仲良くしてもらいました。

和菓子がつないでくれた素敵な出会いとなり、日本文化を内包する和菓子というツールを介して、さまざまな人と交流できる可能性を感じたのでした。


このイベントの数時間後、パリの「CHA KAI」の様子をブログで知った浅野が東京で開催されたお茶会のお菓子として、

「昨日パリで生まれたひよこたちが、森を越え、海を渡り、このお茶室まで旅してきました」

というストーリーで、国産のジャムを使った「旅するひよこ」を登場させていました。


以来、国内各地だけでなくパリやニューヨーク、LAなど、さまざまなまちを巡り、和菓子の楽しさを伝えるワークショップを開催。

旅するひよことwagashi asobiの旅物語は続いています。

和菓子文化を伝えるために生まれた「旅するひよこ」。
その土地ならではの素材や物語を菓子に込めて

東京に寝そべって見る俺の景色はこんな感じだよ。
あなたはどんな景色を見ているの？
スパイシーなチョコレートを買いにいこう

おわりに

「魔法のお鍋」

道具たちのかくれんぼ
みんな思いおもいに
ヘラは棚に
ナイフは硝子ケースに。
「もういいかい？」
「まぁだだよ」
「もういいかい？」
「もういいよ」

すぐにみんな、それぞれのお客さんに見つかって仕事を始めました。

あれから数十年、
ホコリをかぶって、色も変わって、すっかりお爺さんになってしまったことにも気付かずに、その子は今でも、まちの道具屋の片隅にうずくまったまま……。

だけど今日、やっと、遊び上手なお客さんが見つけてくれたよ。
もう、かくれんぼはおしまい。
「さあ、次は何して遊ぶ？」

「wagashi asobi だよ！」

アトリエの準備をしていたころ、かっぱ橋の道具屋さんでとっても大きな鍋を買ってきました。

今は、羊羹を炊いてくれています。


この魔法の鍋と一緒に夢をかなえてasobiます。


オープン当時は週に1回だった羊羹づくり。今では、この鍋が毎日のように大活躍してくれています。

忙しいときは、もっともっと大きなお鍋なら、一度にたくさんつくれるのに……と思ってしまうことも。

でも、スタートしたときに書いたこの詩を思い出して、初心に立ち返ります。

あのころの、不安と希望が入り混じった気持ち。
今、この本の出版にあたって、同じような気持ちで毎日を過ごしています。
まだ本が出来上がっていない現状でも、予約を入れてくださる皆様に感謝いたします。

wagashi asobiの初めての著書『わがしごと』。
こうして私たちの想いがかたちになったのも、支えてくださる皆様のおかげです。

コトノハの針谷周作さん、内藤弓佳さん、今井大雄さん、フォトグラファーのMIHOさん、装幀者の水戸部功さん始め、制作に協力してくださった皆様に、この場を借りて心より御礼申し上げます。

そしてこの本を手に取ってくださった皆様へ。
つたない文章にもかかわらず、最後まで読んでくださり、本当にありがとうございます。
こうして生まれたご縁に感謝致します。

私たちwagashi asobiは、
この魔法の鍋と、これからも一緒に、夢をかなえてasobiます。

平成二八年　春

wagashi asobi　稲葉基大　浅野理生

著者　wagashi asobi
編集　コトノハ

装幀・本文デザイン　水戸部 功
カバー写真撮影　saji MIHO
本文写真撮影　saji MIHO
コトノハ
写真協力　wagashi asobi
tocolier
DTP　大村タイシ

wagashi asobi（わがしあそび）
「一瞬《ひとつ》一粒《ひとつ》に想いを込めてつくる」を理念として活動する
2人の和菓子職人、稲葉基大・浅野理生。
東京都大田区上池台のアトリエを拠点に、
首都圏を中心に国内だけでなく、
ニューヨークの展覧会への参加やパリで茶会を開催するなど、
海外にも活動の「和」を広げている。
本書はwagashi asobi初の単行本となる。

わがしごと

2016年4月28日　初版　第1刷発行

著者　wagashi asobi
発行者　針谷周作
発行所　コトノハ
〒145-0064
東京都大田区上池台1-7-1 東豊ビル5階
TEL　03-6425-9308
FAX　03-6425-9575
http://cotonoha-jp.com
Twitter　@cotonohajp
振替　00180-9-319129
印刷・製版　中央精版印刷株式会社

乱丁・落丁本はお取り換えいたします。
定価はカバーに表示してあります。

Printed in Japan ISBN 978-4-9908335-2-7